ZOUJIN MINFADIAN
MINFA ZONGZE BAJIANG

走近民法典

民法总则八讲

刘　锐　黄福宁　席志国 / 著

人民出版社

序　言

学民法，明为人做事治国之道

刘　锐

　　中国政法大学的校训是"厚德、明法、格物、致公"，清华大学法学楼名为"明理楼"，中国人民大学法学楼名为"明德楼"，这足以表明法学与理、德之关系。法学中的民法，与理更近、与德更容，上承天理、下接民俗，以慈母的眼神关爱芸芸众生，为弱小者遮风挡雨，为志向远大者铺路搭桥，乐见个人谦卑、家庭和睦、邻里相助、社会和谐。民法，乃为人做事治国之道。

　　学民法，明为人之道。民法视野中的人，是个理性的人、谦卑的人、善良的人。民法以平等为基石、以自治为手段、以公平为尺度、以诚信为纽带，以社会公德、公序良俗为底线，相信每个人是理性的人、是自己利益的最佳判断者，为权力划界以求个体张扬个性、自我实现的空间，定权利明归属以求定分止争、各得其所，尊重个体利益但又不以牺牲公共利益为代价，构筑起了庞大的权利之网，从而为个人自由发展、家庭幸福美满、社会有序运转奠定基本准则。具体而言，民法规范，调整社会普通成员之间的人身关系、财产关系，被誉为百姓权利的宣言书、社会生活的百科全书。在市场经济社会，市场交换的基本原则、主体、对象、行为、参与交换造成的不当后果等都由民法规定。在民法的世界里，每个人不仅是平等的人、自主的人，还是一个自己负责、自我担当的人。民法对强者、弱者一视同仁、一体保护，但容不下恃强凌弱、欺诈胁迫、乘人之危。民法所张扬的为人之道就是"诚实生活、不害他人、各得其所"。

学民法，明做事之道。外面的世界很精彩，外面的世界也很复杂。不学点民法，你就可能对外面的世界很无奈，轻则寸步难行，重则上当受骗，甚至倾家荡产，越是诚信状况不好越是如此。不学点民法，你就不知道和你打交道、做交易的人是谁，是个什么样的人。俗话说，"女怕嫁错郎"。现代市场主体众多，独资企业、合伙企业、有限公司、股份有限公司、农民专业合作社、集体经济组织、村民委员会等形态多样、属性各异。近年来好多善良的普通百姓，尤其是老年人投资上当，一辈子积攒的养老保命钱打了水漂、血本无归，很多就是在对有限合伙、公司等一无所知的情况下发生的。不学点民法，你就不知道你交易的对象是什么，有什么具体内容。现代交易是产权的交易，交易的对象是权利。现代产权主要包括物权、债权、知识产权和股权四大权利，而且在物权、债权和知识产权内部又有很多具体权利，比如物权有所有权、国有土地使用权、集体建设用地使用权、宅基地使用权、土地承包经营权、抵押权、质押权等。社会越是发达，相应的权利类型越是丰富，虚拟财产、信息数据等也将归入权利体系。如此多样的权利类型，一方面增加了交易主体的选择权，同时也加重了交易主体的选择负担，不同类型的权利内容不同，此权与彼权可能天壤之别。不学点民法，不懂得基本的权利类型及特点，就难以知晓交易的权利是什么，含金量有多大，是不是干净的权利（比如所出卖的房屋及其占有的土地使用权是否有抵押、租赁等权利负担），从而无法保证交易目的的真正实现。不学点民法，你就不知道你的交易行为是否已经生效，以及如何才能实现你的交易目的。市场交换需要通过合同这一工具来实现。合同何时成立、生效、履行，以及不履行或不完全履行的法律后果等，既需要当事人的约定，也需要法律提供一般的规则，而这些规则往往很复杂。不学点民法，你就不知道该如何约定才能保护自己的利益，当你面对复杂的规则时，不知道什么是重点，只能被市场高手牵着鼻子走，到头来有可能"哑巴吃黄连，有苦说不出"。不同的交易行为，需要的程序也不一样，权利实现的途径自然不同。近年来大量出现的所谓"名为合伙实为借贷"、"名股实债"纠纷，一方面反映了投资人对投资方式的不了解，另一方面也暴露出一些投资产品经营人通过复杂的交易结构设计，引诱或欺骗一些不明真相投资人的意图或企图。不懂点民法，你就不知道你的所作所为的意义及后果，如果遇到一个不良商人，上当受骗就在所难免。不学点民法，你就不知道你行为不当的后果有多严重、风险是否能够承受得了，以及如何控制、分散风险。现代社会是个风险社会，风险来源很多，不管你意识到还是没有意识到，风险都在那里。签订合同就有违约的风险，开车上路、生产销售商品，就会产生交通事故风险、产品质量风险。现代社会的风险很高，稍有不慎就可能临头一棒，致命一击。在北上广等发达城市，开车撞死一个人的赔偿风险在百万元左右，即使在落后地区，也动辄二三十万元。而违约的后果有时更高，有些人签订合同时不怎么关注违约责任的约定，合同签署后也不怎么认真履行合同，有些甚至履行期过了几年也不当回事，而等对方一纸诉状告到法院才醒过来，原来违约赔偿的利息或违约金高得惊人，甚至远远超过了本金。不学点民法，不了解自己行为、活动的风险，就不可能对风险进行安排、控制、分散。只有在明白了可能面临的风险之后，才会根据自己的风险承受能力和风险偏好，选择风险自留、风险转移还是其他，即使风险转移，也可根据实际情况选择合适的风险转移方式，比如购买保险。鉴于多数人是风险厌恶者，明白行为的性质及其风险，并进而作出妥当安排，就显得非常必要。

学民法，明治国之道。治国理政，不懂点民法不行。平等、自由、公平、诚信是现代社会的核心价值。权利是社会成员的根本利益和最大关切，契约是现代治理的有效手段。权力与权利相遇甚至冲突似乎不可避免，关键是如何保证权力和权利"和平共处、相安无事"。公权力的行使者必须承认每个人是理性的，但理性又是有限的，必须防备致命的自负。在高度分工的现代信息社会，我们每个人很伟大也很渺小。公权力的执掌者一定要牢记权力的使命是权利保障及其实现，学会尊重权利、善待权利，尊重契约、善用契约，在社会治理中，尽可能少一点行政直接干预、多一点平等协商，能用契约解决的就用契约，而不是动辄强制。提升国家治理能力，实现国家治理现代化，迫切需要领导干部和公务人员学点民法基础知识，培育基本民法精神，树立权利思维、契约思维。

"修身、齐家、治国、平天下"，都需要学点民法。**学点民法，诚实生活、全面发展、不害他人、各得其所。**

目 录
ONTENTS

中华人民共和国民法总则

第一讲

时代的呼唤——民法典

法律名言

真想解除一国的内忧应该依靠良好的立法，不能依靠偶然的机会。

——［古希腊］**亚里士多德**

在民法慈母般的眼神中，每个人就是整个国家。

——［法］**孟德斯鸠**

法典是人民自由的圣经。

——［德］**马克思**

我真正的光荣并非打了40多次胜仗，滑铁卢之战抹去了关于一切的记忆。但是有一样东西是不会被人忘记的，那就是我的《民法典》。

——［法］**拿破仑**

民法典较之刑法、诉讼法等，更足以代表一个民族的文化高度，而且只有一个全中华民族的民法典才能表明中华民族已攀上了历史的高峰。

——**谢怀栻**

要点提示

● 民法是市民社会的法，所表达的是商品生产与交换的一般条件，包括社会分工与所有权、身份平等、契约自由。民法规范，调整社会普通成员之间的人身关系、财产关系，是社会生产、生活的基本准则，被誉为百姓权利的宣言书、社会生活的百科全书。

● 伟大的时代必然出现伟大的法典，1804 年《法国民法典》如此，1900 年《德国民法典》也如此，两部法典各引领世界 100 年。当下的中国比历史上任何时期都更加接近实现中华民族伟大复兴中国梦的目标，我们无疑迎来了一个伟大的时代。民法总则已经诞生，民法典不再遥远。我们满怀信心地期待在 2020 年全面建成小康社会之年，中国的民法典将真正屹立于世界民法典之林，引领中国乃至世界前行。

● 民法总则是未来民法典的开篇之作，规定民法的基本原则和一般规定，统领未来民法典各分编的制定，在民法典中具有举足轻重的作用。民法总则的核心内容可分为五大板块：基本原则、民事主体、民事权利、民事行为和民事责任。基本原则包括平等、自愿、公平、诚信、公序良俗等，民事主体分为自然人、法人和非法人组织三大类，民事权利包括人身权利、财产权利和知识产权，民事行为包括合法民事行为、无效可撤销民事行为和效力待定的民事行为，民事责任包括违约责任和侵权责任。

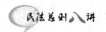 讨论案例

　　2014年5月，刘某卖掉了自己的老房，获得价款500多万元，计划给自己的儿子购买结婚用房。考虑到当时房价过高，儿子两年内并不需要房子，便产生了将手头的几百万闲钱投资获利的想法。由于没有合适的投资信息和渠道，他就上百度搜索到了一个A投资中心（有限合伙）的投资基金项目，并直接和该项目的管理人B国际投资管理有限公司的项目管理人员联系。经项目管理人员介绍、劝说，刘某对这个投资项目颇感兴趣。该投资基金项目总认缴出资额为6000万元，由普通合伙人C公司认缴400万元，一般有限合伙人D公司认缴200万元，其他由优先合伙人认缴，每位有限合伙人的出资限额不低于100万元。优先合伙人出资期限为1年，年收益率15%，满半年还本10万元并支付相应收益，届满支付剩余本金和收益。A投资中心（有限合伙）届期不能支付本金和收益的，由普通合伙人C公司和一般有限合伙人D公司承担连带责任。考虑到这个投资项目能够保本，且有稳定的高回报（两个公司担保），担心货币贬值、急于投资的刘某便于当天与普通合伙人C公司和一般有限合伙人D公司签订了《A投资中心（有限合伙）合伙协议》，次日支付投资金100万元。半年后，A投资中心（有限合伙）如期支付了10万元本金和利息75000元。尝到甜头的刘某更加坚定了对该投资项目的信心，之后分两次再向该基金投资

共 250 万元。2015 年 5 月，第一期投资期限届满，刘某并没拿到自己期待已久的剩余本金和高额回报。经与投资管理人联系，双方确定延迟还本和支付投资回报期限。之后，第二、三期投资陆续到期，刘某遭遇了同样的命运。经查，普通合伙人 C 公司、一般有限合伙人 D 公司、项目的管理人 B 国际投资管理有限公司与 A 投资中心（有限合伙）均为同一实际控制人投资设立，所谓的投资基金项目并不存在。现在，A 投资中心（有限合伙）、B 国际投资管理有限公司、C 公司和 D 公司均已处于不正常经营状态，人去楼空无法联系，刘某不仅没有收到预期的高额回报，本金也几无收回的希望。

思考问题

1. A 投资中心（有限合伙）的性质是什么？其和公司有什么不同？

2. 刘某与 C 公司和 D 公司签订的《A 投资中心（有限合伙）合伙协议》的性质是什么？刘某向 A 投资中心（有限合伙）支付款项的行为是投资吗？

3. 谁应当为刘某负责？

主要内容

一、民法为何物

与属本土固有词汇且能顾名思义的刑法、行政法不同，民法一词源自古罗马法，立基于比较发达的商品关系之上。恩格斯指出："罗马法包含资本主义时期的大多数法律关系"，是"商品生产者社会第一个世界性法律"。在罗马法中，民法的本义为"市民法"，即规制城邦国家市民之间相互关系之法，其后在欧陆各国的发展也是一脉相承，1804 年法国的《拿破仑市民法典》即是典型。可惜 19 世纪日本学者在翻译时由于不了解"市民法"中"市民"所负担的文化价值，便将其简译为"民法"，而这一误译又被清末的中国所照搬。

从本质上讲，"民法准则只是以法的形式表现了社会的经济生活条件"（恩格斯语），民法是市民社会的法，与政治国家的法相对，所表达的是商品生产与交换的一般条件，包括社会分工与所有权、身份平等、意思自治。市民社会不是指生产和交换本身，而是指生产和交换存在于其中的组织和制度的总和。① 商品生产的首要条件是社会分工，而与分工同时出现的是分配产生的所有权，所有权是市民安身立命的根本。在罗马私法，所有权是全部财产制度的基础，是身份平等和意思自治的舞台。简单讲，商品交换的前提是

---

① 张俊浩主编：《民法学原理》（第三版），中国政法大学出版社 2000 年版，第 17—25 页。

商品为不同人所有，交换必然要求不同所有者彼此承认对方是平等的交易对手，而且交换只能发生在有共同意愿且意愿一致的交易当事人之间。

概括来讲，民法规范，调整社会普通成员之间的人身关系和财产关系，是社会生产、生活的基本准则，被誉为百姓权利的宣言书、社会生活的百科全书。人的一生，从摇篮到坟墓，甚至摇篮之前的胎儿阶段和人死亡之后的名誉，都在民法的视野之内。民法以人的全面发展为终极关怀，正如孟德斯鸠所说，"在民法慈母般的眼神中，每个人就是整个国家"。

二、世界民法法典化之路

世界各国的法律，基于法律渊源和传统等的不同，大致可以归入大陆法系和英美法系。大陆法系又称罗马法系、民法法系、欧陆法系、市民法法系、法典法系、罗马日耳曼法系，涵盖国家和地区广泛，德国、法国是典型代表，日本、韩国、中国大陆和中国台湾地区均属这一法系。英美法系又称普通法法系、海洋法系、判例法系、英国法系，是以英国普通法为基础发展起来的法律的总称，英国、美国是其典型代表，主要涵盖曾经是英国的殖民地、附属国的许多国家和地区。

其实，大陆法系的诸多称谓本身就是从不同角度揭示该法系的特点，民法的法典化也就发生在这一法系之中。民法源于罗马法，罗马法的法律渊源除立法外，还包括习惯、法学家解释、长官告示等，罗马人编纂法典主要是在罗马后期，在查士丁尼皇帝达到顶峰。查士丁尼当政后的第二年即颁布一项谕令，任命一个由 10 人组成的委员会，编纂形成了系统编排并划分为章节的"简单明了的成文法律"——查士丁尼法典；之后又将法学家的著述汇编，形成了学说汇纂；编辑了一本新的教科书，即查士丁尼的法学阶梯，这三部加上之后的新律构成著名的《民法大全》。①

罗马帝国崩溃之后，精细的罗马法因很难被其他粗糙的法律所取代而被新统治者继续传播和继受。伴随着文艺复兴，罗马法在意大利出现了复兴，意大利的一些地方也成了欧洲的法律中心，欧洲共同法也随之形成。随着民族国家和民族主权观念的出现（意味着政治国家的形成与社会的分离），民族法兴起，但共同法并未完全消失，这也是后来欧陆各国法典化的共同基础。17 世纪的欧洲大陆，随着启蒙运动、科技革命，理性主义甚嚣尘上，与之相应的便是以自觉设计、构造清晰、内容丰富的法典编纂代替分散凌乱、杂乱无章的单行立法。这一法典化趋势最早发生在丹麦，经由法国和普鲁士的努力，在 1804 年的《法国民法典》达到顶峰。而《法国民法典》揭开了近代法典化的序幕。②

1804 年《法国民法典》、1900 年《德国民法典》和 1907 年《瑞士民法典》，被称为"世界三大民法典"。亚洲的日本于 1890 年制定了旧民法典，1998 年颁布了新民法典。据不完全统计，世界上包括奥地利、荷兰、意大利、葡萄牙、西班牙、巴西、埃及、

① 高富平：《民法法典化的历史回顾》，http：//www. hflib. gov. cn/law/law/falvfagui2/MSF/LWJ/1266. htm。
② 高富平：《民法法典化的历史回顾》，http：//www. hflib. gov. cn/law/law/falvfagui2/MSF/LWJ/1266. htm。

越南等在内的至少50多个国家和地区有了自己的民法典。

三、新中国的民法法典化之梦

马克思说，法典是人民自由的圣经。已故著名民法学家谢怀栻曾言："民法典较之刑法、诉讼法等，更足以代表一个民族的文化高度，而且只有一个全中华民族的民法典才能表明中华民族已攀上了历史的高峰。"制定或编纂一部民法典，是新中国几代法律人尤其是民法人的梦想，也是几代中国人的夙愿。中共十八大之前，新中国曾先后四次启动民法（典）制定工作，但前两次不幸夭折，后两次也与民法典失之交臂。可喜的是，第三次诞生了被称为"小民法典"的《民法通则》，第四次催生了物权法、侵权责任法等基本民事法律，这些为民法典的编纂奠定了厚实基础。中共十八届四中全会作出了《中共中央关于全面推进依法治国若干重大问题的决定》，将编纂民法典作为重点领域立法中的重中之重，为民法典的编纂扫清了障碍。诚如美国法学家艾伦·沃森所言："对于法典编纂而言，政治因素必定是重要的，当法典问世之时，也必定有适当的政治环境。"下面简要回顾一下新中国的五次民法法典化历程。

（一）"民法新一草"

早在新中国成立前夕，民法学家陈瑾昆就于1948年在河北省平山县西柏坡村起草了新中国第一部民法草案，坚持了大陆法系的民法传统，作出了与民国民法不同的原则和制度设计，但未颁行。1949年2月，《中共中央关于废除国民党的六法全书与确定解放区的司法原则的指示》中明确提出了"在无产阶级领导的工农联盟为主体的人民民主专政的政权下，国民党的六法全书应当废除"。新中国成立后，一方面全面地摧毁了国民党反动的国家机器和法律制度，另一方面由于忙于阶级斗争和各种政治运动，立法工作一直坚持法律为政治服务的方针，法制建设缓慢。正如已故著名民法学家佟柔所总结的："50 年代前半期的主要教训是对资本主义国家和旧中国民法进行了简单化、片面化的批判，如有学者在《我国重要法典是颁布的太迟吗？——驳杨兆龙'我国重要法典何以迟迟不颁布'的谬论》一文中说：'资本主义国家的立法老爷们可以完全不管客观实际情况，闭门造车地制定出一套法律来'，'资本主义国家的法律，不但互相抄袭，而且还抄袭了奴隶社会和封建社会的法律'，全面否定了旧民法，取消了继承旧民法学术观点的可能性，结果延缓了社会主义民法和民法学的发展进程。"当然，也有不同看法，如已故著名法学家陈守一认为："总的说来，在这段时间里，法学的发展是基本上正常的，是有一定成果的。"值得一提的是，新中国"民法一草"的出现。

1954 年，诞生不久的全国人大常委会即组建了工作班子，组织起草"中华人民共和国民法典"。该班子在对民事习惯广泛调查研究，批判地借鉴外国特别是苏联的民事立法经验的基础上，经过两年多的艰苦努力，于 1956 年 12 月完成了《民法（草稿）》，也即"民法新一草"（加"新"字是为了区别于近代史上的"民律一草"，下文"民法新二草"同理）。草案包括总则、所有权、债和继承 4 编，共 525 条，加上已经公布的婚姻法，实际上为五编制的德国民法典体例。该草案主要受当时苏联的民事立法，尤其是1922年苏俄民法典的影响。然而，由于随之而来的"整风"、"反右"等政治运动，该草案被迫夭折。但该草案在新中国民法史上的地位是毋庸置疑的。它标志着新中国民事立法对苏俄民法理论的全面继受。由于苏俄民法典主要是参照大陆法系的德国民法典制定的，因此也就意味着新中国第一个民法草案仍然因袭了大陆法系德国法的立法技术、编制体例和概念框架。

（二）"民法新二草"

1962年，在国民经济贯彻实施"调整、巩固、充实、提高"八字方针的同时，毛泽东主席发出指示："不仅刑法要，民法也需要，现在是无法无天。没有法律不行，刑法、民法一定要搞。"遵照这一指示，全国人大常委会组建了以中国科学院法学研究所所长孙亚明领衔的工作班子第二次起草民法典。1964年7月，该班子写出了《中华人民共和国民法（试拟稿）》，包括总则、所有权和财产流转3编，共24章262条。与第一次草案相比，该草案是当时集权型行政经济体制和"左"倾经济思想的反映，同时也受到了国际、国内政治斗争的影响。在指导思想上，一方面试图摆脱苏联模式，另一方面又想与资本主义国家的民法彻底决裂；在内容上，不仅错误地将亲属、继承等排除在外，而且又将预算、税收等纳入了法典；在语言上，不使用"权利"、"义务"、"所有权"、"债权"、"自然人"、"法人"等法律术语，而使用较多的则是"高举三面红旗"等政治语言。遗憾的是，就连这样一个政治性极强的草案也被接踵而至的"四清运动"、"社会主义教育运动"和

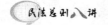

史无前例的"无产阶级文化大革命"所遗弃。

（三）"民法新三草"

1978年5月15日，《人民日报》摘要发表了董必武1956年9月15日在中国共产党第八次全国代表大会上关于法制问题的发言《进一步加强国家法制，保障社会主义建设事业》，董必武在发言中将民法作为急需制定的基本法规之一。同年10月30日，在中央政法小组召开的法制问题座谈会上，政法小组成员陶希晋作了修改、起草法规的说明，将民法作为急需制定的法规之一。1978年11月10日至12月13日的中共中央工作会议闭幕式上，邓小平同志作了题为《解放思想，实事求是，团结一致向前看》的报告，提出了"为了保障人民民主，必须加强法制"的口号，并明确指出"应该集中力量制定刑法、民法、诉讼法和其他各种必要的法律"。民法典的制定再次被提上议事日程。1979年11月3日，全国人大常委会法制委员会再次组建民法起草小组，委员长兼该会主任彭真委任副主任杨秀峰、陶希晋领衔，第三次起草民法典。该小组的工作班子不仅集中了一批政策研究和司法方面的官员，而且吸收了法学研究工作者和高校教师；不仅进行了深入的调查研究，而且广泛借鉴了国外立法经验，包括西方国家的立法经验。经过三年的艰苦努力，三易其稿，于1982年5月起草完成《中华人民共和国民法草案（第四稿）》，包括任务和基本原则、民事主体、财产所有权、合同、智力成果、继承、民事责任和其他规定共8编、43章、465条。该草案后来因经济体制改革刚刚起步，经济模式没有最后确定等因素终未能提交全国人大常委会审议。1982年6月，全国人大常委会法制工作委员会最终决定先制定一批社会急需而条件又比较成熟的单行法，放弃了法典化思路。虽然该草案也未最终成为法律，但其后的经济合同法、继承法等单行法及民法通则也都是以其为基础制定的。

在这里，有必要对在新中国民法史上具有举足轻重地位的民法通则的制定作一简单的介绍，虽然它仅仅是以民事单行法共同规则的面目出现的。自中共十一届三中全会后第一部民事立法《中外合资经营企业法》（1979 年）颁布后，民事单行法大量出现而且矛盾冲突规定不断暴露。而这恰恰反映了制定民事共同规则的迫切需要。1984 年夏，立法机关决定在 1982 年"民法新三草"（惯称"第四稿"）的基础上，删繁就简，起草民法通则草案。1984 年 10 月 25 日民法起草小组写出了《民法总则（草案初稿）》，包括民法的任务、基本原则、民事主体、民事法律行为、代理、期限、诉讼时效 7 章 83 条。1985 年 8 月 15 日，写出《民法通则（征求意见稿）》，包括任务、基本原则和适用范围，公民，法人，合伙组织，民事权利，民事法律行为和代理，民事责任，时效和期间 8 章 113 条。1985 年 11 月，第六届全国人大常委会第十三次会议初步审议该草案。会后，全国人大常委会法律委员会和法制工作委员会召开了由法学专家、司法界人士和政府官员共 180 多人参加的座谈会；还邀请了在京的经济法专家座谈；并再次将草案印发各有关部门、法律院系师生征求意见。在广泛听取各方意见的基础上对草案进行了大量修改和补充。1986 年 3 月，第六届全国人大常委会第十五次会议决定将《民法通则（草案）》提交第六届全国人大第四次会

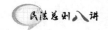

议审议。第六届全国人大第四次会议于 1986 年 4 月 12 日通过该法案并于同日公布。《民法通则》分基本原则、公民（自然人）、法人、民事法律行为和代理、民事权利、民事责任、诉讼时效、涉外民事关系的法律适用和附则 9 章 156 条。虽然民法通则不仅在内容上相当单薄，而且在体例编制、逻辑结构等方面也问题不少，但它填补了我国法律体系中长期存在的空白，功不可没。已故著名民法学家杨振山将其评价为"一部历史性的基本法律"。

（四）"民法新四草"

民法通则的颁布实施，并未终止民法法典化的征程。制定民法典的呼声一浪高过一浪。在民法通则颁布实施后不久，就有学者提出制定民法典的构想。尤其是社会主义市场经济体制的确立，依法治国方略的提出，众多学者卓有成效的理论准备，使得民法典的制定终于再次提上了议事日程。九届全国人大决定制定民法典。1998年，全国人大法工委委托学者、专家成立民法起草工作小组，进行民法典起草工作。专家起草小组成员包括：江平、王家福、梁慧星、魏振瀛、王保树、王利明、费宗祎、肖峋、魏耀荣。2002 年是民法典的起草工作紧张开展的一年。法工委先后于 2002 年 1 月、4 月和 9 月三次召开座谈会。民法典草稿先后出现了专家建议稿，人大常委会法工委民法室室内稿、汇报稿和民法草案的初稿。2002年年末，《中华人民共和国民法（草案）》正式提交九届全国人大常委会第三十一次会议审议，草案共 9 编 1209 条，分别为第 1 编：总则；第 2 编：物权法；第 3 编：合同法；第 4 编：人格权法；第 5 编：婚姻法；第 6 编：收养法；第 7 编：继承法；第 8 编：侵权责任法；第9编：涉外民事关系的法律适用法。该草案形式上的一个独到之处是草案条文以编单独计算。这是新中国法制史上条目最多、内容最多的一部法律草案。就内容而言，草案中的合同法、婚姻法、收养法、继承法4编直接采用了现有法律的规定，而其他5编是在现有法律基础上重新起草的。

此次民法草案提交审议，使得亿万国人，尤其是躬耕多年的学者倍感振奋，因为法典编纂体现着法律文化和法学研究的最高成就。相对于前三次民法法典化运动，这次民法典的起草无论从所处的政治、经济、文化背景，还是民法理论的积淀及立法者、学者、新闻传媒的参与、关注程度等都是前所未有的。具体表现在依法治国方略的提出，市场经济体制的确立，"百家争鸣"学术自由环境的营造，民法学人及民法学在改革开放后近20年的迅速成长等。为了撰写此书，笔者专门翻阅了新中国50年来《全国（主要）报刊资料索引》，结果令人触目惊心，新中国成立头三十年整个法学研究的学术性论文寥寥无几，更不用说民法理论的研究了。改革开放后民法文化的发达如同中国国民经济的增长一样，是有目共睹的。就民事立法而言，新中国成立后三次民法法典化运动几乎均是在秘密状态下进行的，《全国（主要）报刊资料索引》中笔者没有发现一篇关于民法典立法进展的报道。而此次民法法典化，梁慧星、王利明、徐国栋三位教授分别组织起草了民法典建议稿。此外，广西大学教授孟勤国起草了物权法建议稿，西南政法大学教授张玉敏起草了继承法建议稿。

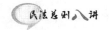

（五）第五次民法法典化

中共十八大将法治确立为治国理政的基本方式，提出"科学立法、严格执法、公正司法、全民守法"的新法治十六字方针，从而为法治中国建设迈向深入奠定了总基调。中共十八届四中全会更是在党的中央委员会层面上史无前例地讨论了全面依法治国，其通过的《决定》是对全面推进法治建设的总体部署，其中将编纂民法典列为重点领域立法中的重中之重，这是中央文件中首次明确提出编纂民法典，毫无疑问，这是一个重要的政治决定，彰显了编纂民法典的极端重要性和极其迫切性。

随后，中央进一步明确了民法典编纂的牵头单位和参与单位，即由全国人大法制工作委员会牵头，最高人民法院、最高人民检察院、国务院法制办、中国社科院、中国法学会参与。2015年3月20日，全国人大常委会法工委主任李适时宣布民法典起草工作正式启动。

2016年6月14日，习近平总书记主持召开中央政治局常委会会议，听取并原则同意全国人大常委会党组关于民法典编纂工作和民法总则草案几个主要问题的汇报，并作出重要指示，为编纂民法典和制定民法总则提供了重要指导和基本遵循。民法典将由总则编和各分编组成（包括物权编、合同编、侵权责任编、婚姻家庭编和继承编等）。民法典编纂工作按照"两步走"的思路进行：第一步，编纂民法典总则编，争取2017年提请全国人大会议审议通过；第二步，编纂民法典各分编，拟于2018年整体提请全国人大常委会审议，经全国人大常委会分阶段审议后，争取于2020年将民法典各分编一并提请全国人民代表大会会议审议通过，从而形成统一的民法典。

2016 年 6 月、10 月、12 月，全国人大常委会先后 3 次审议了民法总则草案，并且先后 3 次于会后将草案审议稿在中国人大网公布征求社会公众意见，两次将草案印送全国人大代表征求意见，还将草案印发中央有关部门、地方人大、法学教学科研机构征求意见。与此同时，全国人大常委会还多次深入基层听取各界意见。

2017 年 3 月 8 日，《民法总则（草案）》提交全国人大审议，3 月 15 日，全国人大以 2782 票赞成、30 票反对、21 票弃权的表决结果，顺利通过了《民法总则》。民法典的开篇之作由此诞生，中国民法典的时代也由此正式开启，它必将引发一场全社会的市民法文化洗礼，从而推动中国民法法典化的最终实现。

四、民法总则：一部开启一个时代的法律①

（一）民法总则的时代意义

如前所述，《民法总则》的通过标志着中国民法典时代的真正到来，必将助推法治中国建设迈向新阶段。从结构上讲，《民法总则》仅仅是未来民法典的一编，《民法总则》的颁布并不代表民法典的诞生，但《民法总则》是民法典的开篇之作，它的通过，标志着民法典迈出了关键的一步。《民法总则》规定了民事活动必须遵循的平等、自愿、公平、诚信及公序良俗等基本原则，构筑了市

---

① 2017 年 3 月 15 日，全国人大以 98% 的赞成票顺利通过了《中华人民共和国民法总则》。当日，笔者之一刘锐以法制网特约评论员身份撰写的评论文章《民法总则：一部开启一个时代的法律》在法制网首发，随后被众多网站转发，法制网微博、微信公众号也推送了本文，引起了高度关注。

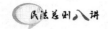

场主体、民事权利、民事行为和民事责任等市场经济法治的基本框架，从而可以统领民法典各分编的编纂。

民法典时代的到来必将助推法治中国建设迈向新阶段。市场经济是法治经济，民法典是社会主义法律体系的重要组成部分，更是市场经济法治的基础性、支柱性法律。民法典的编纂就是要以既有民事单行法为基础，通过系统整理、逻辑加工、消除矛盾、填补漏洞、革新陈规，形成一部体例科学、结构严谨、规范合理的法典。民法典的编纂过程就是全面提升现行民事立法质量的过程，也是从法制走向法治的过程。因此，民法典时代的到来意味着中国法治建设步入新阶段。此外，罗马法的基本理念是诚实生活、不害他人、各得其所。千百年来，博大精深的民法铸就了主体平等、权利神圣、意思自治、公平公正、诚信信用等现代法治的基石和灵魂。民法典时代的到来，将在中国大地上真正掀起民法知识传播和民法文化普及的热潮，这对于提升全民法律素养，树立全民法治精神，明确公权私权界限，保障公权私权妥当行使，避免公权私权滥用等具有重要而深远的影响。

伟大的时代必然出现伟大的法典。1804 年法国民法典如此，1900 年德国民法典也如此，两部法典各引领世界 100 年。当下的中国比历史上任何时期都更加接近实现中华民族伟大复兴中国梦的目标，我们无疑迎来了一个伟大的时代。民法总则已经诞生，民法典不再遥远。我们要认真对待作为生活、交易基本准则的民法总则。对多数人而言，不学刑法的风险或许并不大，但不懂民法很难体面生活。近几年出现的大量民间投资血本无归、农村土地"三

权分置"等激烈争论所暴露的正是相关主体对公司、合伙等市场
主体不了解，对物权、债权等权利类型不熟悉，对投资、借贷等交
易方式分不清，对责任、风险等认识不到位。无论是政府官员还是
普通百姓，都应当关注并学好用好民法总则。我们满怀信心地期待
在 2020 年全面建成小康社会之年，中国的民法典将真正屹立于世
界民法典之林，引领中国乃至世界前行。

（二）民法总则的基本结构和核心内容

《民法总则》共 11 章 206 条，核心内容可分为五大板块：基本
原则（第一章）、民事主体（第二、三、四章）、民事权利（第五
章）、民事行为（第六、七章）和民事责任（第八、九章）。基本
原则包括平等、自愿、公平、诚信、公序良俗等；民事主体分为自
然人、法人和非法人组织三大类；民事权利包括人身权利、财产权
利和知识产权；民事行为包括合法民事行为、无效可撤销民事行为
和效力待定民事行为；民事责任包括违约责任和侵权责任。

民法总则的核心内容有[1]：

1. 基本原则[2]

平等是市场经济最根本的一项原则，其要义是市场主体参与市
场活动的法律地位平等，而非现实的平等。因此实质上只能是竞赛
机会的平等，而非竞赛结果的平等。平等原则要求立法者必须奉行
"行为立法"的原则（即以主体的行为为制定法律规范的出发点），

---

[1] 鉴于民法总则的核心内容在以后各讲中详细介绍，此处仅作概要说明。
[2] 《民法总则》规定的基本原则还有守法原则和绿色原则，守法原则简单明了，
绿色原则属中国首创，这里仅简单介绍传统民法的基本原则，下一讲将全面深入阐释
《民法总则》规定的基本原则。

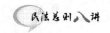

而不能采用"主体立法"（即以主体的不同身份为制定法律规范的出发点）。

自愿是指民事主体得自主地进行民事活动的基本准则，其基础是当事人是自己利益的最佳判断者，基本理念是保障和鼓励人们依照自己的意志参与市场交易，强调在经济行为中尊重当事人的自由选择，让当事人按照自己的意愿形成合理的预期。

公平是正义的道德观在法律上的体现，指民事主体应依据社会公认的公平观念从事民事活动，以维持当事人之间的利益均衡。作为意思自治原则的有益补充，公平原则在市场交易中，为诚实信用原则和显失公平规则树立了判断的基准。但公平原则不能简单等同于等价有偿，因为在民法上就一方给付与对方的对待给付之间是否公平、是否具有等值性，其判断依据采主观等值原则，即当事人主观上愿以此给付换取对待给付，即为公平合理，至于客观上是否等值，在所不问。

诚信是诚实信用的简称，是指从事民事活动的民事主体在行使权利和履行义务时必须意图诚实、善意，行使权利不侵害他人与社会的利益，履行义务信守承诺和法律规定，最终达到当事人之间的利益、当事人与社会之间利益平衡的基本原则。因其高度抽象和普遍适用性，诚信原则常被奉为"帝王条款"。诚信原则是市场伦理道德准则在民法上的反映，适用于全部民法领域，主要体现在合同法上，即体现在合同成立前、合同生效期间以及合同履行后的整个过程中。

公序良俗是公共秩序和善良风俗的合称，公序良俗原则是现代民法一项重要的法律原则，是指一切民事活动应当遵守公共秩序及善良风俗。在现代市场经济社会，它有维护国家社会一般利益及一般道德观念的重要功能。

2. 民事主体

自然人是依照自然规律出生的人。自然人的权利能力始于出生、终于死亡，但对胎儿的利益给予特殊保护，即"涉及遗产继承、接受赠与等胎儿利益保护的，胎儿视为具有民事权利能力。但是胎儿娩出时为死体的，其民事权利能力自始不存在。"自然人的行为能力是指能够独立实施依其意思表示内容发生法律效果的行为的能力，根据年龄、心智发展状况分为无行为能力人、限制行为能力人和完全行为能力人。法律对无行为能力人和限制行为能力人规定了监护制度。

法人是能够独立享有民事权利和承担民事义务的组织，分为营利法人、非营利法人和特别法人。营利法人是以取得利润并分配给股东等出资人为目的成立的法人，包括有限责任公司、股份有限公司和其他企业法人等。非营利法人为公益目的或者其他非营利目的成立，不向出资人、设立人或者会员分配所取得利润的法人，包括事业单位、社会团体、基金会、社会服务机构等。特别法人是指机关法人、农村集体经济组织法人、城镇农村的合作经济组织法人、基层群众性自治组织法人。

非法人组织是不具有法人资格，但是能够依法以自己的名义从事民事活动的组织，包括个人独资企业、合伙企业、不具有法人资格的专业服务机构等。非法人组织的财产不足以清偿债务的，除法

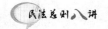

律另有规定外，其出资人或者设立人承担无限责任。

3. 民事权利

人身权利包括生命权、身体权、健康权、姓名权、肖像权、名誉权、荣誉权、隐私权、婚姻自主权等权利。

财产权利主要包括物权（所有权、用益物权、担保物权）、债权（合同、不当得利、无因管理、侵权行为）、股权等。

知识产权主要包括著作权、专利权、商标权、植物新品种权、地理标志权、商业秘密权、集成电路布图设计权等。

4. 民事行为

民事法律行为是民事主体通过意思表示设立、变更、终止民事法律关系的行为。代理是民事主体通过代理人实施民事法律行为。

合法的民事行为应当具备三个条件：行为人具有相应的民事行为能力；意思表示真实；不违反法律、行政法规的强制性规定，不违背公序良俗。

无效的民事行为主要包括：以虚假的意思表示实施的民事法律行为、违背公序良俗的民事法律行为、恶意串通损害他人合法权益的民事法律行为以及违反法律、行政法规的强制性规定的民事法律行为。

可撤销的民事行为主要包括：因欺诈、胁迫、重大误解以及利用对方危困、缺乏判断能力等实施的民事法律行为。

效力待定的民事行为主要包括附条件、附期限的民事行为和无权代理的民事行为。

5. 民事责任

民事责任有违约责任和侵权责任之分，还有按份责任和连带责任之别。违约责任因合同当事人违反合同约定而产生，侵权责任则是不当侵犯他人权利的结果，同一不当行为又可能同时构成违约责任和侵权责任。连带责任只有在法律明确规定或合同约定的情形才产生，因此，民事责任的常态是按份责任。

当事人请求保护自己权利的一般诉讼时效时间是三年。诉讼时效有中止、中断等规定。

✎ 案例解析

这是一起根据真实案件改编的案例，也是具有一定代表性的案例。近年来，我们老百姓手中的"闲钱"似乎越来越多，在股票市场和房地产市场大起大落、银行储蓄利率过低且货币贬值预期加速的背景下，越来越多的人选择了投资理财。然而，从近几年爆发的大量纠纷来看，我们的很多老百姓显然是在没有一定准备的情况下获利心切，贸然选择了自己并不熟悉的对手和交易模式，而一些市场投机者也正是瞄准了这类人群，利用甚至滥用自己对规则的优势和对手的"弱势地位"、"贪财心理"，用美丽的谎言、精巧的圈套，使得善良而又无知的人们逐渐上当、血本无归。

本案中，刘某所犯的一个致命错误就是相信所谓"低风险高

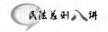

回报"的谎言。对于刘某来讲，不知道合伙与公司的区别不可怕，不知道有限合伙和普通合伙人责任的不同也不可怕，不知道合伙和借贷的区别还不可怕，因为毕竟这些法律术语早已超出了一般人的知识范围。但在银行最高储蓄利率不到5%的情况下，签订保本且有15%高额回报的所谓合伙协议，本身就违反了"高风险高回报、低风险低回报"的基本原理。从法律上讲，刘某所选择的A投资中心（有限合伙）是一种特殊的合伙企业组织形式，是相对于所有合伙人都承担无限连带责任的普通合伙而言的。在有限合伙，有限合伙人对合伙债务承担有限责任，普通合伙人则对合伙债务承担无限责任。但必须注意的是，无论是设立合伙企业，还是成立有限公司，出资人的出资都是投资行为，凡投资都有"风险"，无"保本"一说。"保本付息"是借贷的典型特征，在合伙协议中约定"保本且高额投资回报率"，显然不是真正的投资行为，本质上就是"借贷"，实践中此类行为大量存在，被称为"名为合伙实为借贷"。而且，与银行储蓄不同的是，本案中刘某是将款项支付给了非银行组织，给这类组织放款的风险就是很高，可能会有高额回报，但问题是保不了底。本案中，刘某虽然可以向A投资中心（有限合伙）、C公司和D公司请求剩余本金返还和一定额度资金占用费的支付，但在几家公司被同一人实际控制的情况下，刘某能否最终得到救济似乎仅存理论上的可能性。

第一讲

民法的灵魂——基本原则

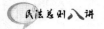

✒ 法律名言

整个法秩序（或其大部分）都受特定指导性法律思想、原则或一般价值标准的支配。

——［德］拉伦兹

法律不能使人人平等，但是在法律面前人人是平等的。

——［英］波洛克

法律乃公正善良之术。

——［古罗马］塞尔苏斯

诚实生活，不害他人，各得其所。

——［古罗马］查士丁尼

人之所以为贵，以其有信有礼；国之所以能强，亦云惟佳信与义。

——张九龄

法条有限而人事无穷。

要点提示

● 民法的基本原则是贯穿民法各项制度的主线，也是全部民法规范的灵魂。民法的基本原则包括平等原则、自愿原则、公平原则、诚信原则、守法原则、公序良俗原则、绿色原则等。

● 平等原则是指民事主体在民事活动中的法律地位一律平等。

● 自愿原则是指民事活动应当尊重民事主体的意愿，民事主体可以按照自己的意思设立、变更、终止民事法律关系。

● 公平原则是指民事主体从事民事活动，应当公平合理确定各方的权利和义务。

● 诚信原则是指民事主体在民事活动中，应当秉持诚实，恪守承诺。

● 守法原则和公序良俗原则是指民事主体从事民事活动，不得违反法律，不得违背公序良俗。

● 绿色原则是指民事主体从事民事活动，应当有利于节约资源、保护生态环境。

✍ 讨论案例

案例一：张某诉蒋某遗赠纠纷案

2001 年四川省泸州市中级人民法院二审判决认定：蒋某与黄某于 1963 年 5 月登记结婚，婚后双方夫妻感情较好。因蒋某未生育，收养了一子（时年 31 岁）。1990 年 7 月，蒋某继承父母遗产取得原泸州市市中区顺城街 67 号房屋所有权。1995 年，该房因城市建设被拆迁，由拆迁单位将位于泸州市江阳区新马路 6—2—8—2 号的 77.2 平方米住房一套作为换房安置给了蒋某，并以蒋某个人名义办理了房屋产权手续。1996 年，黄某与张某相识后，两人开始在外租房非法同居生活。2000 年 9 月，黄某与蒋某将蒋某继承所得的位于泸州市江阳区新马路 6—2—8—2 号房产以 8 万元的价格出售给陈某，且约定该房屋交易产生的有关税费由卖方承担。2001 年春节，黄某、蒋某夫妇将售房款中的 3 万元赠与其子用于在外购买商品房。2001 年初，黄某因患肝癌病晚期住院治疗，住院期间一直由蒋某及其家属护理、照顾。2001 年 4 月 18 日黄某立下书面遗嘱，将其所得的住房补贴金、公积金、抚恤金和出卖泸州市江阳区新马路 6—2—8—2 号住房所获房款的一半 4 万元及自己所用手机一部赠与张某。2001 年 4 月 20 日，泸州市纳溪区公证处对该遗嘱出具了（2001）泸纳证字第 148 号公证书。2001 年 4 月 22 日，遗赠人黄某去世，蒋某要求张某交付遗赠财产遭张某拒绝，双方发生争执，蒋某遂提起诉讼。在一审法院案件审理过程中，经张某申请，泸州市纳溪区公证处于 2001 年 5 月 17 日作出（2001）泸纳撤证字第 02 号《关于部分撤销公证书的决定书》，撤销了（2001）泸纳证字第 148 号公证书中的抚恤金和住房补贴金、公积金中属于蒋某的部分，维持其余部分内容。一、二审法院均认为本案中遗赠人黄某所立遗嘱时虽具完全行为能力，遗嘱也系其真实意思表示，且形式上合法，但遗嘱的内容却违反法律和社会公共利益。并根据《民法通则》第七条（民事活动应当尊重社会公德，不得损害社会公共利益）、《婚姻法》第三条（禁止有配偶者与他人同居）等规定，认为遗赠人黄某的遗赠行为，应属无效民事行为，作出了不利于张某的判决。

思考问题

如何看待法院判决？

案例二：李某专利权侵权纠纷案

2003 年 8 月，江苏省扬中市通发公司的董事长陈某突然接到法院传票，原来是原告李某起诉认为通发公司生产的阀门侵犯了其名为"消防用球阀"的实用新型专利。原告在诉状中称，

2001 年 2 月 8 日，其向国家知识产权局提出一项名为"消防用球阀"的实用新型专利申请，并于 2001 年 12 月 12 日被授予实用新型专利权，专利号为 ZL01204954.9。而被告扬中市通发公司却侵犯其专利权，生产同样的产品销往江苏、山东、四川等地，给原告造成了巨大经济损失，请求法院判令被告立即停止侵权行为，销毁侵权产品及生产模具，赔偿原告经济损失 10 万元，并承担本案全部的诉讼费用。

为了应诉，陈某不得不聘请律师，约定代理费 4 万元。律师经调查发现：涉案的"消防用球阀"实用新型专利的技术方案在 1994 年、1998 年的国家标准 T15185-1994《铁制和铜制球阀》以及 T8464-1998《通用阀门法兰和对焊连接钢制球阀》中已经充分披露。李某的专利和早就公开的国家标准完全相同，没有任何"创新"。

于是陈某一边向国家知识产权局专利复审委员会提出无效宣告请求，一边请求南京市中级人民法院中止专利侵权案的审理。国家知识产权局专利复审委员会于 2004 年 8 月 25 日做出第 6355 号无效宣告请求审查决定书，以缺乏新颖性为由宣告李某的专利权全部无效。

当年 9 月，李某不服专利无效宣告决定，将国家知识产权局专利复审委员会起诉至北京市第一中级人民法院。北京市第一中级人民法院经审理认为，李某的专利与早就公开的国家标准完全相同，没有任何"创新"，不具有新颖性。国家知识产权局专利复审委员会做出的第 6355 号决定书认定事实清楚，适用法律正确，审理程序合法。遂于 2005 年 3 月 21 日，判决维持专利复审委员会第 6355 号决定。

专利无效宣告程序终结后，南京市中级人民法院恢复审理李某状告扬中市通发公司侵犯专利权一案。扬中市通发公司同时也向南京市中级人民法院提交诉状，反诉李某恶意诉讼，索赔相关经济损失。

2005 年 11 月 18 日，李某向南京市中级人民法院申请撤回对被告扬中市通发公司的专利侵权诉讼。法院审查后认为，鉴于双方已为专利权的案子纠缠了两年多，所产生的费用、损失都已产生，因此在对"恶意诉讼"进行审查之前，不准许李某撤诉。对于专利侵权诉讼，法院根据专利复审委员会的"宣告无效决定"、北京一中院的专利行政判决，认定李某所拥有的"消防用球阀"实用新型专利权自始无效，起诉扬中市通发公司侵犯自己专利权的基础条件已丧失。据此，南京市中级人民法院驳回了李某的诉讼请求。

对于恶意诉讼，扬中市通发公司认为，李某担任厂长的吴江市某阀门厂与自己系同业竞争企业。李某作为生产、销售阀门产品企业的负责人，以该专业领域中公知的国家技术标准内容申请专利并以此提起专利侵权诉讼，明显存在恶意，并使自己为应诉不得不聘请律师参加专利诉讼和专利无效宣告程序，对自己造成了实际损害，李某应当承担相应的民事赔偿责任。

扬中市通发公司请求法院确认李某的诉讼行为为恶意诉讼行为，判令李某赔偿律师代理费、公告费、调查费等经济损失5万元。

李某辩称，扬中市通发公司成立于2002年9月29日，其本人于2001年12月12日获得"消防用球阀"实用新型专利权时，扬中市通发公司尚未成立。自己依据合法专利权提起专利侵权诉讼，系公民依法行使诉讼权利的行为，不属于恶意诉讼。诉权是法律赋予当事人进行诉讼的基本权能，是当事人进行诉讼活动的基础。因此，无论从时间上还是事实上说，他的行为都不构成恶意诉讼，并且扬中市通发公司产生的诉讼费用不属于损失，其要求赔偿损失没有法律依据。请求法院驳回扬中市通发公司的损害赔偿请求。①

思考问题

如何看待李某的专利诉讼行为？

主要内容

民法的基本原则是民法的精神所在，灵魂所系。大道至简，民法的每一条基本原则虽然看起来都十分简短，却是民事活动实践经

---

① 智敏：《"恶意诉讼者"为"恶意"买单——全国首例知识产权恶意诉讼宣判》，《法治与社会》2007年第4期，第40—41页。

验的高度凝练与概括，蕴含了丰富的民事法律规范智慧。

一、民法基本原则的作用

（一）什么是法律的基本原则

法律原则是某一部门法或法律文件中所体现的共同法律精神，是立法、执法、司法、守法及法学研究各环节必须遵循的基本精神指引。法律原则承载着法律制度的价值，既是对法律制度内在精神的抽象和概括，也是各项具体规则的来源和依据。我国法学界关于法律原则的一种代表性的定义就将法律原则界定为："众多法律规则之基础或本源的综合性、稳定性的原理和准则"[1]。

每一个法律规范都有一定的规范目的，都体现着其追求的价值；作为法律规范集合的每一部法律，每一个部门法，也都有超越个别规范的目的，统领规范价值的若干灵魂性的共同价值；所有的法律，其背后都蕴藏着人类共同的价值追求——公平正义。正是在一些总体的、根本的价值目标的指导和制约之下，整个法律体系才能实现和谐，法律的功能方可真正实现[2]。德国法学家拉伦兹就指出："整个法秩序（或其大部分）都受特定指导性法律思想、原则或一般价值标准的支配。"[3] 民法作为民事活动的基本法，自然也不例外。

---

[1] 张文显：《法理学》，法律出版社 1997 年版，第 71 页。
[2] 参见尹田：《论民法基本原则之立法表达》，《河南省政法管理干部学院学报》2008 年第 1 期，第 44 页。
[3] ［德］拉伦兹：《法学方法论》，陈爱娥译，台湾五南图书出版有限公司 1999 年版，第 255 页。

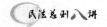

（二）民法基本原则的功能

《民法总则》在《民法通则》的基础上，结合 30 多年来民事法律实践，适应我国经济社会的发展和民事活动的现实需要，对民法的基本原则作了丰富和补充。这些基本原则的实践功能集中体现在指导民事立法、民事活动实践和民事法律适用三个方面。

在指导民事立法方面，民法基本原则作为民法规范文本的价值主线和灵魂所在，反映的是民事生活的根本属性和基本规律，因而也就自然而然地成为统领民事立法的指导思想以及民事法制和谐统一的坚实基础。要实现科学的民事立法，就需要以民法基本原则为指引方向，不断制定和完善具体民事法律规范，使各项民事法律制度最大限度地保持内在一致，真正构建起完善的民事法律制度体系。

在指导民事活动实践方面，民法基本原则也是当事人从事民事活动的基本指针和行动指南。人们进行民事活动，当然首先应以具体的民事法律规范作为自己行动的指南，但是，一方面普通人不可能对民事法律规范有深入的了解和掌握，另一方面普通人有时可能难以寻找到与自己所处的特殊情景一一对应的具体民事法律规范，民法基本原则作为民事活动的最高准则，可以给当事人指引基本的行为方向。

在指导民事法律适用方面，作为民法精神的集中体现，民法基本原则具有填补法律漏洞、解释模糊规定、解决法律冲突的功效。"法条有限而人事无穷"，即使再发达、完备的法律，也可能被发现存在漏洞，这是人类理性有限性和法律的滞后性所决定的；即使再科学、具体的法律，存在一些抽象概括规定也是不可避免的，这是法律的稳定性和立法技术的需要；即使再周全、缜密的法律，法律规范之间、法律承载的各种价值之间存在矛盾冲突也是不可避免的，这是法律追求多种利益平衡的宿命。因而，在民法适用过程中，补充、解释和调和具体法律规范就需要以民法基本原则为依归。这一点在我国民事法治建设中具有特殊的意义。相比于发达国家，我国民事立法的时间并不长，民事法律适用的经验积累还不充分，存在更多的法律漏洞、更多的模糊规定、更多的条文矛盾冲突，这些无疑都需要充分发挥民法基本原则的填补、解释和调和功能。

二、平等原则

平等原则就是指民事主体在民事活动中的法律地位一律平等。也就是说在民事法律关系中，民事主体互不隶属，各自都能独立地表达自己的意志，其合法权益平等地受到法律的保护。

平等原则是民事法律关系特有的原则，是民事法律关系区别于行政法律关系、刑事法律关系等其他法律关系的主要标志，也是民法最基础、最根本的一项原则①。即使是承担公共管理职责的国家机关，一旦进入民事领域，例如购买商品、服务等，与普通民众、企业也一样是平等的，并不能因为国家机关在履行公共管理职责过程中与相对人存在管理与被管理的关系，而自然地将这种不对等关系带入民事领域。

---

① 参见尹田：《论民法基本原则之立法表达》，《河南省政法管理干部学院学报》2008年第1期，第46页。

平等原则是市场经济的内在要求在民法上的具体体现。实行市场经济，必然呼唤市场主体地位平等、机会平等。市场是由一个个市场主体及其活动所组成的。要让市场在资源配置中起决定性作用，就必须平等对待每一个市场主体。自然人与自然人之间，企业与企业之间，自然人与企业之间在市场中的地位都应当是平等的，没有贵贱高低之分，只要依法经营，就应同样得到法律的保护。只有这样，才能真正启动市场竞争，实现优胜劣汰，资金、土地、技术、信息、劳动力等生产要素才能根据各市场主体的效益情况不断优化流向，最终实现社会资源的总体合理配置。如果有的市场主体天然拥有高人一等的地位，那么就会限制或扭曲资源的自由流动，导致资源的逆向配置。在制定《物权法》的时候，就曾发生过关于国有、集体和私人的物权是否应当平等对待的争论。对此，《物权法》第三条第三款明确规定，"国家实行社会主义市场经济，保障一切市场主体的平等法律地位和发展权利"，为这场争论给出了结论。

平等原则同时也是社会发展进步在民法上的具体写照。从西方社会发展历史来看，在古罗马时代，不同等级的人拥有不同的公权和私权，存在有无人格，以及人格高低之分。只有享有自由、家长和市民身份的人才具有完整的人格，奴隶不享有人格，妇女、家子也不拥有完整的人格。我国同样是等级制度十分悠久的国家，皇室贵族与官僚之间不平等，官僚与平民百姓之间也不平等，同为平民百姓，彼此之间也不见得平等。古代中国法律的突出特点就是"引礼入法"，而礼制的核心之一便是贵贱有别，亲疏有差。但是，这种将人划分为三六九等的做法自然与社会发展趋势格格不入。及至 17、18 世纪，近代民法否定了古代民法身份不平等的狭隘观念，实现了法律人格的形式平等①。英国法律史学家梅因曾说过一句名言，"所有进步社会的运动，到此处为止，是一个'从身份到契约'的运动"②。今天，平等和独立已经取代依附与等级，成为社会共同认同的理念，法律面前人人平等更是深入每一个人的内心。

当然，随着社会经济的发展，平等原则也被不断注入新的内涵。现代社会，随着在生产、生活领域保护劳动者和消费者的呼声日高，平等原则的内涵正经历从单纯谋求民事主体抽象的法律人格的平等，到兼顾在特定类型的民事活动中，谋求当事人具体法律地位平等的转变。例如，《消费者权益保护法》特别授予了消费者在特定情形下的"无理由退货权"，即经营者采用网络、电视、电话、邮购等方式销售商品，消费者有权自收到商品之日起七日内退货，且无需说明理由。但经营者却没有类似的可以无理由取消交易的权利。这从形式上看或许不平等，但考虑到网络、电视、电话、邮购交易的实际情形，也可以说是保障了双方实质上的平等。

三、自愿原则

自愿原则是指民事活动应当尊重民事主体的意愿，民事主体可以按照自己的意思设立、变更、终止民事法律关系。自愿原则的基

---

① 马骏驹、刘卉：《论法律人格内涵的变迁和人格权的发展》，《法学评论》2002 年第 1 期，第 26—41 页。
② ［英］梅因：《古代法》，沈景一译，商务印书馆 1959 年版，第 144 页。

本理念就是保障和鼓励人们依照自己的意志参与社会经济生活，允许当事人根据自己的意愿，凭借自身知识、偏好和判断，自主选择和确定自己所希望产生的民事法律关系，并自行承担相应的法律后果。

自愿原则反映在民法的诸多领域，例如物权人可以根据自己的意愿支配和处分财产，受害人可以根据自己的意愿选择宽恕加害人，立遗嘱人可以根据自己的意愿订立遗嘱决定遗产分配等，不过最主要、最集中地反映在合同法领域。合同关系应当是双方当事人经过充分协商，就各自的合同权利和义务达成一致的产物。自愿原则贯彻合同关系的全过程，包括：第一，订不订立合同自愿，当事人自主决定是否签订合同；第二，与谁订立合同自愿，当事人可以根据自己的意愿选择对方当事人；第三，合同内容自愿，双方当事人在不违法的情况下自主约定合同内容；第四，变更、终止合同自愿，当事人可以协议补充、协议变更有关内容，也可以协商解除合同。

自愿原则强调在民事活动中尊重当事人的自由选择，让当事人按照自己的意愿确定民事法律关系。这意味着一方面要排除另外一方当事人的强迫、欺诈及其他不当影响和压力，也意味着另一方面也要排除任何第三方单位和个人，包括政府机关对当事人自主行为的干涉，确实让当事人在法律允许的范围内做到"我的地盘我做主"。

自愿原则和平等原则紧密相连。法律地位平等是自愿原则的前提，如果当事人的法律地位不平等，就谈不上协商一致，谈不上什么自愿。与此同时，自愿也是双方地位平等的必然后果。平等意味着任何一方都不得凌驾于另一方之上，如果都无法把自己的意志强加给另一方，自愿协商就成为当事人之间互利合作的必然选择。

当然，自由从来都不是绝对的、无限制的自由，不是当事人想怎样就怎样。首先，自由意味着责任。自由与责任是一个硬币的两个方面。自主自愿的行为是当事人的一种自我选择，自我选择的同时意味着要承担该项选择可能的代价和责任。当事人选择了进入特定的民事法律关系，在享受选择带来的民事权利的同时，也应当履行相应的民事义务，并承担无法履行民事义务所可能带来的民事责任。民法在保障当事人实现自己意愿的同时，也不允许当事人"光拣好的挑"，只要权利而逃避责任。

其次，自愿是在法律允许范围内的自由。当事人的自主意思只有在法律允许的范围内行事，才能获得法律的支持和保障。因此，自愿原则和公平、守法、公序良俗等民法其他基本原则密切相关。当事人的自愿行为必须同时符合公平、守法、公序良俗等民法其他基本原则的要求，否则就无法产生当事人希望的法律效果。即使是在最看重自愿原则的合同法领域，也可以看到有许多自愿原则的例外。例如在邮政，电信，供用电、热、水、气，交通运输，医疗等事关公众生活的公共事业和公共服务领域，就会存在一定的强制缔约要求，这就是对当事人自主支配领域所作出的限制。

四、公平原则

公平原则是指民事主体应依社会公认的公平观念从事民事活

动，合理确定各方的权利和义务，维持当事人之间的利益均衡。公平原则体现的是民法促进社会公平正义的基本价值，也是正义的道德观在法律上的反映。

古人许慎在《说文解字》中解释"法"字时说，"灋，刑也。平之如水，从水。廌所以触不直者去之，从去"，因此人们在形容法律时通常都会讲"法平如水"。古罗马法学家塞尔苏斯也讲过，"法律乃善良和公平的艺术"。中西方的这些法律谚语都充分说明公平是人们最为朴素的法律情感，也是各国法律制度长久以来就孜孜以求的目标，更是法律制度确立自身正当性的内在基础。

"公平的概念只有在人与人的关系上才有意义"①。民法上公平的要义就是妥善确定民事活动中各方的权利和义务，避免天平过分地向某一方当事人倾斜。合同约定应当信守，他人财产不可侵犯，伤害他人必须赔偿，见义勇为理应得到支持，这都是公平的应有之义。

要注意的是，正如第一讲就已经指出的那样，公平原则并不简单等同于等价有偿。例如，日常生活中十分常见的赠与行为，只要赠与是赠与人的真实意思，就不能单纯因为赠与本身是无偿的而认定赠与违反公平原则。再如，很多著名的影星、歌星、体育明星的粉丝们为了得到他们的一件签名照、运动衫或其他物品，为了观看一次他们的演出，往往愿意出高价。虽然在常人看来，价格超乎异常，甚至离谱，但只要这些粉丝们是成年人，能理解自己的行为后

---

① ［英］彼得·斯坦等著：《西方社会的法律价值》，中国人民公安大学出版社1990年版，第78页。

果，法律也无从置喙。也就是说，当事人一方的给付与对方的对待给付之间是否公平、是否具有等值性，其判断依据采取的是主观等值原则。民法充分尊重或者说他人认为当事人的主观意愿，只要当事人愿意以此给付换取被给付，即为公平合理，至于客观上或者说他人认为是否等值，法律一般并不过问。

当然，法律也并非一律放任自流，完全任凭当事人决定。例如，一方当事人利用对方处于危险境地，或者陷入"叫天天不应，叫地地不灵"的窘迫，或者缺乏判断能力等情形，致使双方之间的权利义务关系显失公平的，那么基于公平的理念，民法允许受损害的一方向人民法院或者仲裁机构请求予以撤销。

再如，合同的双方当事人可以自行约定违约金条款，确定一方违约时应当缴纳的违约金金额，但是如果约定的违约金低于违约造成的真实损失，或者过分高于造成的损失，机械地执行违约金条款显然都是不公平的。从公平的角度出发，民法也允许当事人请求人民法院或者仲裁机构予以增加或者适当减少。

又如，现代社会生活中许多经济交易往往通行格式合同。一些商家借制定、签订格式合同之际，或者朗朗乾坤之下硬往合同里塞进损人利己的私货，或者大布迷魂阵，以偷偷隐藏的蝇头小字、佶屈聱牙的专业词汇等方式，暗修栈道，明度陈仓，或者对合同的条款作异于常理的解释，甚至堂而皇之地宣称合同的解释权全归己有，不容他人染指，以便发生纠纷时充分利用解释权条款把自己的义务与责任推卸得一干二净。但在公平原则的审视之下，这些魑魅魍魉的手段都是法律所嗤之以鼻的。

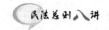

由此可见，公平的价值追求，对于弥补法律具体规定的缺失和纠正贯彻自愿原则过程中可能出现的一些弊端，有着十分重要的意义。

五、诚信原则

诚实信用原则是指民事主体在行使权利、履行义务过程中，应当秉持诚实，恪守承诺。诚实信用原则在我国之前民事立法中已多有要求。例如，《民法通则》第四条规定，民事活动应当遵循诚实信用原则。《合同法》第六条规定，当事人行使权利、履行义务应当遵循诚实信用原则。诚实信用原则适用于民法的全部领域。正因为诚实信用原则具有高度的抽象性和普遍适用性，也常常被奉为民法中的"帝王条款"，具有"君临法域"的效力。

所谓的"秉持诚实"主要是要求当事人在民事活动中应当秉持善意，一切民事权利的行使，应当合乎权利所保护的目的，不能超过权利的正当界限，一旦超过，即构成滥用。常见的权利滥用的类型有：行使权利以损害他人为目的；以有损于社会利益的方式行使权利；违背权利目的行使权利。例如，假借订立合同，恶意进行磋商，导致他人丧失商业机会；再如，故意隐瞒与订立合同有关的重要事实或者提供虚假情况；又如，专利权人长期不实施其专利，也不以合理的条件允许具备条件的他人使用其专利等。同理，民事义务的履行，也应当善意而真诚，协力实现权利人所受保护的利益。如果未以诚信的方式履行义务，仍然属于履行不到位。例如，当事人应当根据合同的性质、目的和交易习惯履行通知、协助、保密等义务，违反这些义务，仍然构成违约。

信守承诺则是一条古老而重要的基本社会交往规则。子曰："人而无信，不知其可也。"夫子无法想象一个人不讲信用会是什么样子的。法律也同样无法想象一个不需要遵守诺言的社会如何能够运转下去。信守诺言是中华民族的传统美德与信条。自从西汉的董仲舒首先把"仁义礼智信"概括为"五常之道"之后，"信"就成为每一个中国人基本的自我要求之一。恪守诺言同样是世界其他民族的古老传统。古罗马的法律认为当事人双方达成的合同是一种"法锁"。当两个人彼此意思一致，达成了合同，那么他们就被法律锁在一起。除非法律出于其他原因自己打开这把锁，否则解开这把锁只能是当事人践行自己承诺的行为。

诚实信用原则是市场伦理道德准则在民法上的反映。举止善意、一诺千金不仅仅是一种自我道德约束，它本身具有重要的社会意义。诚实守信有效地降低了社会的交易成本，使得人与人之间的信任成为可能，让人际之间的合作得以顺利进行。现代市场经济是信用经济。以社会分工为基础的市场交易要求交易的双方都必须讲究信用，才能实现各自的交易目的，真正达到互利共赢。在此基础上，不断扩大的市场交易又会进一步刺激社会分工细化和专业效率的提高。随着社会分工日渐细分，市场交易关系更加频繁，也更为复杂，也就更加需要以诚信为基础的良性市场秩序来维持日益扩展和日渐繁杂的市场关系就需要以诚信为基础确立良性市场秩序。

没有诚信，就不可能有大规模的交换，也就没有发达的市场，经济活动的广度和深度都会受到极大的限制。事实证明，哪个行业、哪个地区的诚信水平不高，哪个行业、哪个地区的经济发展水平就不上去。因此，诚信是各类市场主体可持续发展的生存之本，是各类经济活动高效开展的基础保障，也是减少政府对经济的行政干预、完善社会主义市场经济体制的迫切要求。

当前，我国社会信用体系尚不完善，社会诚信意识和信用水平偏低，有些人在生活中，在商业交往中以耍小聪明、玩小把戏为荣，全社会尚未形成履约践诺、诚实守信的浓厚氛围，重特大安全生产事故、食品药品安全事件时有发生，商业欺诈、制假售假、偷逃骗税、虚报冒领、学术不端等现象屡禁不止。坚持民事主体在民事活动中必须讲诚实重诺言守信用，有助于改善市场信用环境、降低交易成本、防范经济风险，对于建设诚信社会、规范市场秩序具有重要的现实作用和深远的历史意义。

六、守法原则

守法原则就是指民事主体从事民事活动，不得违反法律。法律规定有强制性规定和任意性规定之分。所谓强制性规定是指内容具有强制性质，不允许人们加以更改的法律规定。例如，《民法总则》规定，行为人与相对人恶意串通，损害他人合法权益的民事法律行为无效。因此，只要是此类行为就归于无效，当事人即使自己不提出异议也同样无效。任意性规定是指允许人们以自己的意愿变更相关内容的法律规定。例如，《合同法》规定，出租人应当履行租赁物的维修义务，但当事人另有约定的除外。该条规定意味着，出租人和承租人可以协商改变法律上关于租赁物维修义务由出租人承担的规定，比如约定由承租人负责。这就属于任意性规定。不得违反法律是指不得违反法律中的强制性规定。

民事活动应当符合法律的强制性规定。当事人不能为了逞一时之快，遂以一己之愿而违背法律的强行规定。莎士比亚的名剧《威尼斯商人》为我们提供了一个解说守法原则的好例子。威尼斯商人安东尼奥为了帮助朋友，向犹太商人夏洛克借了一笔钱，而夏洛克为了报复安东尼奥平时对他的侮辱，情愿不要利息，但是要求在三个月的期限届满之后，如果安东尼奥不能清偿债务，就要由夏洛克在安东尼奥"心口所在的附近取一磅肉"。后来因为安东尼奥的商船接连沉没，到期无法还清债务，夏洛克就向法庭起诉，请求按照原合同履行。

智慧的鲍西娅将安东尼奥从这个困境中解救出来。鲍西娅承认这一合同的效力，夏洛克的确有权在安东尼奥的胸前取一磅肉。但是由于合同上只写了一磅肉，所以如果在割肉时流出一滴血，或者割下来的肉超过一磅或不足一磅，那就不再是合同所允许的范围，而变成是谋杀，要按照威尼斯的法律抵命并没收全部的财产。

剧本中这一案件靠着鲍西娅的智慧得到了解决。但是从现代法律的观点来看，本案的正解其实在于如何评价合同自身的效力。民法虽然承认当事人在民法领域拥有广泛的自由，但当事人的意志不能抵触法律。如果当事人从事的民事活动的内容或者形式违反法律的强制性规定，法律将旗帜鲜明拒绝承认这样的民事行为的效力。夏洛克和安东尼奥所订立的这种割肉抵债的合同，伤害了别人的健康权，显然属于违法的合同。

需要注意的是，守法原则讲的法律强制性规定不仅包括民法，还包括其他法律、行政法规的强制性规定。现代社会出于保障人权、维护社会秩序、保障公共利益等不同理由，通过民法，但更多的是通过各类公共管理性质的法律、行政法规设定了民事行为的禁区，这些都构成了民事行为的边界。

七、公序良俗原则

公序良俗原则是指民事主体从事民事活动，不得违背公序良俗。公序良俗是公共秩序与善良风俗的合称。公共秩序的含义多是指与社会公共利益有关的社会秩序，包括经济秩序、政治秩序、生活秩序等，而善良风俗通常指的是社会公认的、良好的道德准则和风俗，是社会、国家存在和发展所必要的一般道德，或者说特定社会所尊重的基本伦理要求。

各国的民事立法中，有采用公共秩序与善良风俗两个概念的，也有仅用善良风俗一语的。《民法总则》首次在我国民事立法中采用了公序良俗原则的表述。之前我国的民事法律大都使用的是社会公共利益、社会经济秩序、社会公德等概念。如《民法通则》第七条规定："民事活动应当尊重社会公德，不得损害社会公共利益，破坏国家经济计划，扰乱社会经济秩序。"《合同法》第七条规定："当事人订立、履行合同，应当遵守法律、行政法规，尊重社会公德，不得扰乱社会经济秩序，损害社会公共利益。"《物权法》第七条规定："物权的取得和行使，应当遵守法律，尊重社会公德，不得损害公共利益和他人合法权益。"社会公共利益和社会经济秩序可以说就是公序，而社会公德则是良俗的集中体现。

公序良俗原则是现代民法一项重要的法律原则，一切民事活动应当遵守公共秩序及善良风俗。民事主体实施法律行为的目的和内容，只要违反公序良俗，即使法律对该行为没有明确的相应禁止性规定，也可以认定其抵触法律。公序良俗的内涵与外延是随着社会发展而变化的。在现代社会，保护劳动者、消费者、承租人等现代市场经济中的弱者已经成为公共秩序的范畴。

与守法原则相类似，公序良俗原则也是对民事主体自由意志的一种限制。当事人自愿实施的民事行为也不得违反社会秩序和社会公德。公序良俗成为法律为民事主体自由行动划定的另外一道红线。林肯曾说，"法律是显露的道德，道德是隐藏的法律"。法律是调整社会关系的主要手段。法律规范必须以维护社会基本秩序和基本道德为基础，但法律也不可能将所有的道德准则事无巨细地都确认为法律义务，而只能要求人们不违反基本的道德准则。公序良俗原则将尊重社会公共秩序和善良风俗作为强制性规范，使民法成为维护社会公共利益及共同道德价值的重要载体，有助于推动遏制歪风邪气，筑牢社会的道德底线，弘扬社会公德，维护社会基本秩序。

相较于守法原则，公序良俗原则的内涵较为模糊。但也正是这一特点，让公序良俗原则在很大程度上弥补了法律禁止性规定的不足，填补了法律漏洞。由于社会生活的复杂性以及法律的滞后性，立法者不可能把一切应当禁止的行为都事先设想完备，并提前以禁止性规范的形式表达出来。在法律无具体的禁止性规定时，公序良俗原则成为司法机关衡量当事人的行为是否应当给予保护的裁判准则。

八、绿色原则

绿色原则是指民事主体从事民事活动，应当有利于节约资源、保护生态环境。绿色原则的提出，"传承了天地人和、人与自然和谐共生的我国优秀传统文化理念，又体现了中共十八大以来的新发展理念，与我国是人口大国、需要长期处理好人与资源生态的矛盾这样一个国情相适应"①。

中国传统文化一向注重追求"天"与"人"之间的和谐均衡。"天人合一"是中国古代哲学的宝贵思想。老子提出："人法地，地法天，天法道，道法自然。"儒家对天人合一观念也进行了许多阐发。孔子提出，"钓而不纲，弋不射宿"，主张只用鱼竿钓鱼，不用大网拦河捕鱼，反对射猎夜宿之鸟，防止幼鸟失怙，毁掉两代生命，充分表明了孔子对于自然的态度。《中庸》中也说，"致中和，天地位焉，万物育焉"。这种"天人合一"的思想，以"天地与我并生，而万物与我为一"为最高追求境界，蕴含了深邃的生态伦理观，与当代可持续发展的要求高度契合。

改革开放三十多年来，我国综合国力有了很大提升，国际影响力显著增强，特别是经济发展举世瞩目，目前我国经济总量已跃居世界第二位，成为拉动世界经济增长的一大火车头。然而相对粗放

---

① 李建国：《关于〈中华人民共和国民法总则（草案）〉的说明——2017年3月8日在第十二届全国人民代表大会第五次会议上》。

的经济增长方式，也使我们在资源环境方面付出了沉重代价。我国资源严重短缺，人均耕地资源、水资源拥有量，分别不到世界平均水平的40%、30%；人均煤炭、石油和天然气资源拥有量仅为世界人均水平的60%、10%和5%。但与国际先进水平相比，我国经济增长仍存在资源消耗高、浪费大、环境污染严重等问题。创造同样的价值，我国的能耗是发达国家的数倍。全社会的污染物排放量仍然处在一个非常高的水平上，已经接近或者说超过环境容量。空气、土壤、水体污染等问题都十分突出。例如，全国300多个地级以上城市中80%未达到国家空气质量二级标准。长三角、珠三角，特别是京津冀地区，大面积雾霾频繁发生，对广大人民群众生产生活的影响极大。人均资源消费需求与资源的总量和质量，总体资源消耗需求与环境污染承载能力之间的矛盾越来越突出，已经成为影响和制约我国发展的突出因素。

中共十八大审时度势，明确把生态文明建设纳入中国特色社会主义事业"五位一体"总体布局，首次将"美丽中国"作为生态文明建设的宏伟目标。中共十八届三中全会提出要加快建立系统完整的生态文明制度体系，十八届四中全会要求用严格的法律制度保护生态环境，十八届五中全会将绿色发展纳入，提出"五大发展理念"，作为指导"十三五"乃至更长时期经济社会发展的一个重要理念。习近平总书记强调，"要把生态环境保护放在更加突出位置，像保护眼睛一样保护生态环境，像对待生命一样对待生态环境"。"我们既要绿水青山，也要金山银山。宁要绿水青山，不要金山银山，而且绿水青山就是金山银山"。

　　将绿色原则确立为民法的基本原则，规定民事主体从事民事活动，应当有利于节约资源、保护生态环境，这一规定呼应了绿色发展的时代主题，有利于制止浪费资源、损害生态环境的行为，摒弃"杀鸡取卵"的发展方式，推动应对当前面临的资源趋紧、环境污染严重等突出问题，促进以环境承载能力为基础，遵循自然规律，合理开发建设，形成人与自然和谐共处的环境友好型社会，实现我国生态可持续发展。

　　当然，绿色原则作为崭新的民法基本原则，如何在民事法律活动中予以具体适用，例如，谁来评判当事人的行为是否有利于节约资源、保护环境，当事人的民事行为如果不符合绿色原则，行为的法律效力如何，谁可以对不符合绿色原则的民事行为提出异议，如何提出异议等，这些都还有待进一步的司法实践和学理研究加以明确。

✎ 案例解析

案例一：张某诉蒋某遗赠纠纷案

该案最大的争论问题就是一审与二审判决均以民法"公序良俗"原则否定了符合继承法规定的遗赠行为的效力。对此，有赞成与反对两种截然不同的态度。赞成者认为原则是规则的基础，因此持原则高于规则的立场，本案的二审判决就采纳了该观点，明确指出，"公序良俗"原则"在法律适用上有高于法律具体规则适用之效力"；而反对者则认为，规则较之于模糊而不确定的原则，具有具体性和确定性，故须优先适用。此外，有批评者指出，在形式法治尚未足够发展的中国，法律的确定性价值尤为重要，该案判决从"个案正义"中获得的正面效应也许并不比其负面效应大，因为它有可能损害法律的威严，减损人们对法律的信仰，增加人们对法律的不信任。① 另有批评者认为，该案首先值得检讨的是这种判决未尽充分的说理和论证义务；其次，依据原则为规则创制例外时，不但要顾及一些形式原则，而且要考量规则背后起支撑作用的原则，即案中所涉及的"个人的遗嘱自由"，而其与"公序良俗"原则背后的"保护婚姻家庭的利益"又形成了原则之间的竞争关系。本案的关键不在于该遗赠行为是否违背"公序良俗"，而在于更深的一个层面，即："公序良俗"原则能否将对该遗嘱自由的限制加以正当化，也就是说，该案中的保护合法家庭的利益能否将对该遗嘱自由的限制加以正当化。本案判决虽把该遗嘱行为界定为违背"公序良俗"的行为，却没有将对该遗嘱自由的限制加以正当化。而这种正当化的问题其实正是一个如何解决原则冲突的问题。②

像"公序良俗"这样内涵较为模糊的民法原则，其涵盖范围又十分广泛，很容易与其他规则、原则形成冲突。如果不加

---

① 参见张卓明、林来梵：《论法律原则的司法适用——从规范性法学方法论角度的一个分析》，《中国法学》2006 年第 2 期，第 123、131 页。
② 同上书，第 131 页。

限制，必将导致法官自由裁量权的失控和法律安定性的丧失。在国外，许多大陆法国家均已经通过判例的积累，将"公序良俗"原则的内容加以具体化和确定化，德国和日本甚至就这一原则在类似于我国前述的案件中应当如何适用的问题，也早已经确立了主导性判例。① 如根据德国联邦最高法院的判例，如果被继承人立其情妇为继承人"旨在酬谢其满足自己的性欲或旨在决定或加强这种两性关系的继续"，那么这种行为通常被认为是违反善良风俗的；相反，如果被继承人具有其他动机，即如旨在给其情妇提供生活保障，则这种行为通常就是有效的。② 日本最高法院在 1986 年的一个案件中也判令类似的遗赠行为有效，理由是该案中的遗嘱并不以继续维持婚外情关系为目的，而是为了保证在生活上完全依赖于立遗嘱人的那位女性"第三者"之生计，而且其内容亦达不到威胁其他继承人之生活的程度。③

案例二：李某专利权侵权纠纷案

本案中，李某的"消防用球阀"实用新型专利权虽然原来由国家知识产权局予以授权，形式上具有了专利权。但是由于

---

① 参见张卓明、林来梵：《论法律原则的司法适用——从规范性法学方法论角度的一个分析》，《中国法学》2006 年第 2 期，第 132 页。
② 参见［德］迪特尔·梅迪库斯：《德国民法总论》，邵建东译，法律出版社 2000 年版，第 516 页。
③ 参见日本最高院昭和 61 年（1986 年）11 月 20 日判决，民集 40 卷 7 号，第 1167 页。另可参见［日］内田贵：《民法 I》（第 2 版增订版），东京大学出版社 2000 年版，第 275 页。

其技术方案在 1994 年、1998 年的国家标准中已经充分披露。李某的专利没有任何"创新"，不符合专利授权创造性要求。

李某长期担任阀门厂的负责人，作为阀门制造加工行业从业多年的专业人士，本应熟知相关球阀的国家标准。但李某却利用我国专利授权制度中对实用新型专利申请不进行实质审查的规定，以毫无新意的技术提出申请并获得专利权。继而又以该不符合专利权实质要求的所谓专利，控告他人侵权，并且通过侵权诉讼、行政诉讼，使通发公司不得不来回奔波应对诉讼，干扰了通发公司的正常生产经营活动。其行为已经严重违反诚实信用原则，背离专利制度设立的宗旨，侵害了他人合法权益，客观上给通发公司造成损害，已构成恶意诉讼，应当承担相应的法律责任。

民法总则：一部开启一个时代的法律

第三讲

我是谁——民法眼中的个人

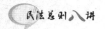 法律名言

人是万物的尺度。

——〔古希腊〕**普罗泰戈拉**

每个人理所当然地应当成为自己的主人，这是他们天生的权利。

——〔德〕**康德**

没有绝对的平等，也没有绝对的权利。人在天性上同类，就法律而言平等。

——〔法〕**巴尔扎克**

要点提示

● 基于对每个个体生命的尊重，民法承认每个自然人的民事主体地位，也就是都具备民事权利能力。每个人的民事权利能力"生即带来，死即带去"，在生命的旅途中一律平等，无所谓权利能力高低贵贱之分。但在正义的要求下，民法也不拘泥于人须出生后方成为民事主体的一般规矩，以保护胎儿利益为限，允许胎儿一定程度上具有民事权利能力。

● 民事权利能力的人人平等并不能填平人们彼此之间心智成熟程度的差异。根据人们的智力发育、精神健康状况，民法进一步将自然人区分为完全民事行为能力人、限制民事行为能力人和无民事行为能力人。

● 对于限制民事行为能力人和无民事行为能力人，民法专门设置了监护制度，对其加以呵护，弥补其民事行为能力的不足，防止他人不法侵害受监护对象的人身或者财产。

● 生活当中总有意外和风险，民法为此专门建立了宣告失踪和宣告死亡制度，在意外不期而至、个体下落不明的时候平复我们的生活。

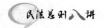 **讨论案例**

案例一：赵某驾驶小轿车与陈某驾驶的小轿车发生碰撞，致陈某车内的孕妇张某受伤。张某被紧急送往医院进行剖宫产手术，医院诊断显示，妊娠 34 周，因外伤后胎儿宫内窘迫、胎盘早剥。男婴出生时有心跳、没有呼吸，经吸痰方式救治，5 分钟后死亡。根据医学 APGAR 评分标准，满分为 10 分，张某的婴儿被评分为 2 分。医院未出具出生证明书。出院后，张某及其丈夫以赵某的行为造成婴儿死亡为由提起诉讼，要求其承担死亡赔偿金等相关赔偿责任①。

思考问题

张某夫妇的诉讼请求应否得到支持？

案例二：

2017 年 2 月 18 日中央电视台新闻频道报道，家住上海松江区的孙女士打开微信支付功能，突然发现自己微信钱包中少了 2 万元。随后，一查微信支付绑定的银行卡余额，让她更加吃惊的是，自己的 25 万元血汗钱竟然全都"不翼而飞"了。通过微信支付明细，孙女士发现，自己的银行卡平均每天都有两

---

① 本案例参考了李惊涛、汪洋：《自然人出生标准宜采"生命体征说"》，《人民法院报》2014 年 9 月 24 日。

三次的交易，每次支出的数额不等，最多一次竟达到 9500 元。

孙女士夫妇百思不得其解。而此后女儿出现了种种反常表现，再三追问之下，13 岁的女儿小卞最后承认：是自己偷用家长的手机，通过一款 APP 购买了大量 "K 币" 打赏给了网络男主播。由于学校的作业都是发在妈妈的那个微信上面的，小卞放学后就跟妈妈要手机做作业。小卞试出了妈妈手机的支付密码，开始使用微信支付打赏男主播。小卞说，每次汇款成功，母亲的手机都会收到扣款信息提示，而为了不让母亲知道，小卞都会第一时间将短信删除，所以，直到 25 万元全部花光，家人也一直毫不知情。

无独有偶，据报道，2016 年 4 月 8 日，福建省 12 岁的男孩为讨自己喜欢的主播开心，偷拿母亲手机充钱购买昂贵的虚拟物品送给主播，一个月花了近 3 万元。2016 年 10 月 7 日至 11 月 27 日，浙江丽水 14 岁的男孩小明打赏 5 名游戏主播，共计花费 3 万余元。

思考问题

上述报道中小孩的打赏行为到底应当由谁来买单？

案例三：

未成年女孩小玲（化名），2004 年 10 月出生于河南焦作，父亲李某系徐州本地人，母亲姚某为河南焦作人。1 岁时，小玲被入赘河南的李某带回徐州铜山区，由爷爷奶奶抚养。爷爷奶奶去世后，小玲和父亲共同生活。李某不仅不管小玲日常生活，致使小玲不得不四处讨饭吃，而且对她动辄打骂，致其头部、脸部、四肢等多处严重创伤。2013 年，李某竟然还强奸、猥亵了当时不满十岁的亲生女儿。2014 年 6 月案发，铜山法院于 2014 年 10 月以强奸罪、猥亵儿童罪数罪并罚依法判处李某有期徒刑十一年。

小玲的母亲姚某住在河南焦作，自小玲被父亲带回徐州之后就再也未看望过小玲，亦未支付抚养费用。2014 年 6 月，在李某性侵案件侦办期间，公安机关曾将小玲的相关情况告知小玲母亲姚某及家人，但他们仍然不闻不问。2013 年小玲因饥饿离家，被张女士收留。2013 年 6 月后，小玲一直随张女士生活。

2015 年 1 月 7 日，铜山区民政局接到铜山区检察院的检察建议后向法院提起诉讼，请求撤销李某、姚某对被申请人的监护权，指定铜山区民政局为监护人①。

思考问题

李某、姚某作为小玲的亲生父母是否可以被剥夺监护权？如果可以的话，又应当由谁来承担小玲的监护职责？

---

① 相关案情参见《徐州铜山法院 2015 年度家事审判十大典型案例》之一《徐州市铜山区民政局申请撤销监护人资格案》，徐州铜山法院官方博客，http://blog.sina.com.cn/s/blog_ e831be160102w77o. html；黄丹羽：《父母监护权被撤销，孩子谁来管？》，中青在线，http://zqb. cyol. com/html/2015 - 02/07/nw. D//0000zgqnb _ 20150207-9-02. htm。

主要内容

一、自然人与民事权利能力

"我是谁"是一个让所有人困扰其中的命题。在民法的视野里，每一个"我"作为自然规律下出生的一个生命，也就是自然人，都是独立的一个民事主体。承认自然人是民事主体而不是客体或者其他，这是民法对于每个个体生命给予的尊重和礼赞。所谓民事主体，用民法的术语讲，就是指其具备民事权利能力，能够以自己名义享有民事权利，承担民事义务。

（一）出生的意义

自然人的生命通常认为始于出生，终于死亡。与此相适应，民法也规定自然人从出生时起到死亡时止，具有民事权利能力，依法享有民事权利，承担民事义务。

不过，对于"出生"的具体标准，由于我国相关法律、司法解释中并没有明确加以界定，只是规定自然人的出生时间，以出生证明记载的时间为准，没有出生证明的，以登记的时间为准。有其他证据足以推翻以上记载时间的，以相关证据证明的时间为准。因此，实践中对于"出生"的确切时间点可能会有一些争议。

有认为,只要胎儿的一部分或者全部脱离母体即可以视为出生①。

---

① 相关情况介绍参见王利明：《民法总则研究》，中国人民大学出版社 2003 年版，第 335 页；龙卫球：《民法总论》，中国法制出版社 2001 年版，第 197—198 页。

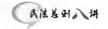

有的认为，需胎儿完全脱离母体，并且在脱离母体时有呼吸行为，方可认定为出生。还有认为，胎儿产出后有呼吸、心跳、脐带搏动及随意肌收缩四项生命体征之一，为完成出生。其实，"出生"一词已经准确地描述了一个人的人生起点，"出"意味着她/他已经脱离母体，从胎儿变成婴儿；"生"意味着婴儿的存活，总有一天会长大成人。单纯强调胎儿脱离母体，而忽视胎儿是否为活体不足取，只强调胎儿应当为活体而不看是否完全脱离母体也不足取。综合而言，最后一种观点更为可取，胎儿不仅已经与母体脱离，而且具有生命体征，即可认定为出生。这一标准也具备现代医学支持，因为许多重症新生儿在脱离母体后，虽未独立呼吸，但按照医学界普遍采用的对新生儿的评分方法，仍然具有生命体征，仍属"活体"，经过抢救仍然可以存活，能够独立呼吸。采纳这一标准，更有利于对自然人权利的保护，可以有效防止医护人员怠于抢救的行为或者父母的遗弃行为。

（二）存续的平等

自然人出生以后，就具有民事权利能力，并且基于人生而平等的理念，这种能力是人人平等的，在法律上不存在大小之别或者高低之分。上至王室甲胄，下到草根平民，无论诞生于宫廷，还是出生在陋室，在民法看来，出生对于每一个人来说，它所带来的法律后果都是一样的。

这一点在今天人们也许已经习以为常。但仅仅在一百多年前，人人平等在中国还只是一种理想而非现实。中国传统上就有所谓的"士农工商"的社会等级排序。国人向来推崇学而优则仕，商人虽算得上"四民"，但只能忝列其末。而四民之外尚有所谓的贱民。出于维护皇权尊严和等级制度的需要，礼制要求人们各安其命，自觉根据自己的等级高低拥有和享用物品。以房屋为例，从天子、官员到庶人，各自房宅的建筑形制、层数、高矮、规模均有法律规定，不可逾越。

类似的，在西方，人人平等的民事权利能力也非自古有之。罗马法是当今民法的鼻祖。然而在古代罗马，民事权利能力并不属于全体人。自由人可以拥有民事权利能力，但奴隶则没有。奴隶既没有法律上的婚姻资格，也没有交易资格，他们只是权利的客体而非主体。再如，妇女的权利能力也受到一系列的限制，她们不能享有"父权"和监护权，不能做主持人，不能做遗嘱的见证人①。

当然，今天民事权利能力的平等只是让每一个自然人在法律上都有可能享有各类民事权利，但并不保证每一个人都能现实地享有各类民事权利。也就是说，每一个自然人在法律上都被允许拥有不动产物权，拥有电脑、汽车等动产的物权，拥有公司股权，但法律并不保证每一个自然人在实际生活中都能够真正地拥有不动产、动产或者公司股权。

（三）死亡的后果

"死去元知万事空"，自然人一旦死亡，则其民事权利能力也随着生命的消逝而自然丧失。与"出生"类似，我国相关法律、司法解释中也没有明确界定"死亡"的具体时间判断标准，只是

---

① ［德］彼得罗·彭梵德：《罗马法教科书》，黄风译，中国政法大学出版社2005年版，第32页。

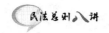

类似地规定自然人的死亡时间，以死亡证明记载的时间为准，没有死亡证明的，以登记的时间为准。有其他证据足以推翻以上记载时间的，以相关证据证明的时间为准。

对于死亡的时间点判定，实践中也有不同的观点。有认为应当看心脏是否停止跳动，心脏一旦停止跳动，就应当认为死亡；有认为应当看呼吸是否停止，呼吸一旦停止，就应当认为死亡；还有认为应当采取脑死亡的标准，以脑的死亡作为是否死亡的标准。现在我国通常采取心脏停止跳动的判断标准，只是从医学的角度看，这一标准并不见得十分科学[①]。

无论采用上述哪一种死亡标准，前提都是知道确切的时间节点。但在发生意外事件等特殊情形下，外界可能无从知晓当事人具体的自然死亡时间。出于简化法律关系的考虑，民法在个别场合，会对当事人的死亡时间作出推定。一种情况就是当相互有继承关系的几个人在同一事件中死亡，如不能确定死亡先后时间的，推定没有继承人的人先死亡。死亡人各自都有继承人的，如几个死亡人辈分不同，推定长辈先死亡；几个死亡人辈分相同，推定同时死亡，彼此不发生继承，由他们各自的继承人分别继承。另外一种情况就是当受益人与被保险人在同一事件中死亡，且不能确定死亡先后顺序的，推定受益人死亡在先。

---

① 相关情况介绍参见王利明：《民法总则研究》，中国人民大学出版社 2003 年版，第 341 页；梁慧星：《民法总论（第三版）》，法律出版社 2007 年版，第 90 页。

二、胎儿算不算"人"

自然人只有在出生之后才能被承认为"人",这是各国民法的通例。胎儿由于尚未出生,原则上也就不算是"人"。不过,凡事有规则就有例外。对于尚未出生的胎儿,为了保护其利益,有时就必须打破陈规,承认胎儿在特殊情况下也可以算作法律意义上的"人"。正如古罗马的法学家保罗说过的那般:"当涉及胎儿利益时,母体中的胎儿像活人一样被看待,尽管在他出生以前这对他人毫无裨益。"①

(一)胎儿能否继承遗产

胎儿利益的保护首先突出体现在继承的场合上。例如,当胎儿的父亲死亡,此时如果漠视胎儿的利益,允许其他子女将被继承人的遗产分割殆尽,则将来胎儿出生后可能陷入生活无着落的窘境。这对尚未出生的胎儿显然十分不公平。因此,在继承开始时,为胎儿保留必要的继承份额成为各国民法一致承认的规则。我国《继承法》也是如此,该法第二十八条明文规定,遗产分割时,应当保留胎儿的继承份额。如果胎儿出生时是死体的,为胎儿保留的份额再按照法定继承处理。《民法总则》再次确认了《继承法》的这一规定。

(二)胎儿能否接受赠与

胎儿接受赠与和胎儿参与继承有异曲同工之处。如果有人愿意

---

① 〔德〕彼得罗·彭梵德:《罗马法教科书》,黄风译,中国政法大学出版社2005年版,第30—31页。

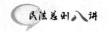

将财产赠与胎儿，即使赠与的当时胎儿尚在母体之内，法律也不应当以胎儿尚未出生为由，剥夺胎儿的财产利益。相反，法律只需要顺水推舟，成人之美，承认胎儿可以接受赠与即可。我国《民法总则》对此也有明确的规定。

（三）胎儿能否请求赔偿

胎儿利益保护争论较多的是当胎儿在母体内时受到侵害，在出生后能否请求损害赔偿。在这一点上，各国民法经历了一个从不承认到承认的转折过程。

美国在 1884 年曾发生过 Dieterrich v. Northampton 一案。该案中，怀孕 5 个月的妇女，在被告养护不力的道路上跌倒，因受惊吓而导致流产，胎儿由于发育不全而死亡。著名的霍尔姆斯大法官，时任马萨诸塞州最高法院法官，在判决中认为，查遍国内外资料，并未发现支持胎儿主张侵权行为损害赔偿的先例，因此最终以胎儿系母体的一部分，不属于马萨诸塞州法律上所称的"人"为理由，判决原告败诉。20 世纪中叶以来，美国的法院开始转变态度。1946 年哥伦比亚特区法院在 Bonbrest v. Kotz 一案中，承认了胎儿可以就其出生前所受到的侵害提起损害赔偿。此后绝大多数州陆陆续续放弃了之前的僵化立场，转为承认胎儿因其出生前所受侵害请求损害赔偿的权利①。

德国联邦最高法院原来也坚持侵权行为发生时，受害人必须是一个具有权利能力的人，而胎儿不能算在受害人之内。但在 BGHZ58.48：

---

① 王泽鉴：《民法学说与判例研究④》，中国政法大学出版社 2003 年版，第 282—283 页。

车祸侵害胎儿案中，联邦最高法院改变了态度。在该案中，A 驾车不慎撞倒 B 所驾驶之车，致 B 之妻 C 身受重伤。当时 C 已经怀胎六个月，其子 D 出生后患有麻痹，脑部受伤。于是 B、C 和 D 共同起诉 A，要求损害赔偿。德国联邦最高法院转而支持，胎儿在侵权行为发生当时虽尚未出生，但就其健康所受损害仍可以在出生后请求赔偿①。

我国之前对于胎儿出生后能否就出生前所受损害请求赔偿没有明确的规定。实践中，各地法院观点不一。例如，中国法院网报道的一例案件中，法院就采取了否定的态度。该案中，货车驾驶员代某在行车途中，因超速和违反右侧通行，与停放在公路外的杨某货车上所装载的管桩相撞，造成代某死亡。经认定，杨某货车所载管桩伸出占道 2.6 米，承担事故的次要责任。事故发生后，代某的妻子针对杨某承担的次要责任将杨某告上法庭，以自己怀有身孕五个月为由，提出要求判令被告赔偿尚未出世胎儿至 18 岁的抚养费。被告则认为，自然人的民事权利能力从出生时起算，而且被抚养人必须是死者生前的实际抚养人。事故发生至庭审时，胎儿都还没出生。因而，胎儿请求赔偿抚养费没有法律依据，不应予以支持。云南省马龙县人民法院审理后认为，自然人出生后才具有民事权利能力，胎儿尚未出生就不具备民事主体资格因而不具有索赔权，判决驳回了代某的妻子对胎儿抚养费的请求权②。

断然否认胎儿对出生前所受侵害的赔偿请求权很容易让人对法

① 王泽鉴：《民法学说与判例研究④》，中国政法大学出版社 2003 年版，第 280 页。

② 王林林：《道路交通事故案件中胎儿利益保护探析》，中国法院网，http://www.chinacourt.org/article/detail/2007/09/id/267226.shtml。

律产生"削足适履"之感。人的生命从生物学角度看是一个连续的过程，从受孕开始就有了生命的发育。出生之前的胎儿虽然存于母体子宫之中，但是不容否认的是，胎儿与母体并不能完全等同。如果法律将胎儿仅仅视为母体的一部分，对于胎儿出生前受到的伤害也仅认为是母体受到伤害，与胎儿无关，显然不合乎实际。法律规定自然人的权利能力始于出生，这是立足于社会生活实践的规律性总结，并非绝对的教条。拘泥于这一具体规定，选择对胎儿利益的漠视，不仅与法律追求正义的目标南辕北辙，同时也使得法律陷入了无谓的法理与人伦冲突之中。

更何况，现代社会是一个风险社会，交通事故、电磁辐射、工业污染、不洁食品、医疗失误、缺陷药品等形形色色的因素都有可能造成胎儿在母体中受到伤害，导致胎儿出生后畸形、残障或者罹患各类疾病。在遗腹子的情况下，胎儿父亲遭受侵权死亡，胎儿一出生就丧失了父亲一方的抚养。片面强调侵权行为发生之时胎儿尚未出生，并以此否认胎儿出生后可以主张损害赔偿的权利，无疑并不合理。

从前述发达国家司法实践来看，加强胎儿利益保护也是各国民事法律制度发展的总体趋势。我国《民法总则》明确，涉及遗产继承、接受赠与等胎儿利益的保护，胎儿视为具有民事权利能力。但是，胎儿在娩出时为死体的，其民事权利能力自始不存在。这里虽然没有明确提出胎儿可以就其出生前所受损害请求赔偿，但是这无疑构成胎儿利益保护的一部分。因此，承认胎儿出生后享有对出生前所受损害的赔偿请求权理应成为该规定的题中之义。

三、几岁才能"打酱油"——自然人的民事行为能力

自然人生而平等是一个基本原则，但是不可否认的事实是，人与人之间毕竟存在各种各样的差别，诸如肤色、种族、民族、健康、身世、生活环境等。对于其他差别民法可以视而不见，但是对于人与人之间的心智差别民法却不能置若罔闻。这是因为人在社会经济交往中能否做出理性的判断需要依赖于其心智，如果一个人的心智不健全，那么让他独自面对外部世界，无异于使他们暴露在危险当中。民法鼓励每一个人自主选择自己的人生道路，但前提是每一个人都有成熟的心智能力，能够恰当判断自己所处的环境，正确理解自己行为的含义和后果。由此，民法针对不同人的心智成熟程度，采取了不同的对待方式。

（一）给成年人以独立

心智的发育首先与年龄有关。但人何时心智发育完全成熟是一个复杂的生理学和心理学问题，有的人也许早熟，很早就能够辨别后果，分清是非；有的人也许大器晚成，要到较晚的时候才明白社会交往的基本规则。就是我们通常所说的成年人，如果社会阅历不足，或者一直都是大小孩的心态，在与外部社会交往的时候也不一定能够恰如其分理解行为的性质和内容。不过在日常生活中，我们不可能在与每个人打交道之前，对其心智先进行一番测试和评估。并且，绝大多数人也不可能是这方面的行家。为了给出日常交往的明确规则，通常而言，各国民法都会根据年龄大小推定人的心智是否在法律意义上归于成熟，也就是是否成年。

以年龄来界定成年与否，古已有之。中国古代贵族男子二十岁时要行冠礼，以示成年。西周末年的重要典籍《仪礼》一书中，就有专门的"冠义"一篇，对冠礼详加规定。冠礼作为成年之礼极其隆重，须择良辰吉日，由受冠者的父亲，在宗庙中请嘉宾主持将"冠"按照"始加、再加、三加"的程序加在成年男子头上。当然，若为庶民之子，则不能加冠，只能是帻巾扎头以示成年。古代女子的成年仪式，则是在头发上插一根簪子，行与"冠礼"相对应的"笄礼"。

我国《民法总则》第十七条、十八条规定，十八周岁以上的自然人为成年人。不满十八周岁的自然人为未成年人。成年人为完全民事行为能力人，可以独立实施民事法律行为。所谓民事行为能力，通俗地讲，就是当事人根据自己的意思从事民事活动的能力。《民法总则》第十七条、十八条的总体意思就是说，十八周岁以上的人被法律视为心智已经发育成熟，可以自己独立地按照自己的意志与外部发生民事关系，不再需要家长或者其他人的协助和同意。

针对"穷人家的孩子早当家"的情形，我国《民法总则》第十八条第二款又补充规定："十六周岁以上的未成年人，以自己的劳动收入为主要生活来源的，视为完全民事行为能力人。"此类未成年人虽然年龄上略小一两岁，但是能够以劳动收入作为自己的主要生活来源，说明其心智已然成熟，将其视为成年，便于其可以独立从事各类民事活动。

（二）给未成年人以呵护

不满十八周岁的属于未成年人，但未成年人之间心智发育程度也不一致。人们通常用"会不会打酱油了"来形容一个小孩。如果细细品味这句话，我们可以发现，这句话一方面已经点出了小孩之间的心智发育程度差异。会打酱油的小孩已经有一定的心智能力，知晓和理解某些社会性行为的意义，但与此同时小孩的心智发展水平还有限，现阶段只能胜任购买酱油这样简单的任务，无法完成其他更加复杂的事情。至于不会打酱油的小孩，则心智发育还非常不成熟，连一些简单的活动都不能从事。

与此相适应，民法根据未成年人的发育成熟程度对未成年人再进行细分。按照能不能打酱油的标准，未成年人可以分为两类，一类是限制行为能力人，原则上可以独立进行打酱油这些简单的、与其心智发育程度相适应的民事活动，以及纯获益的民事活动（例如接受赠与），从事其他民事活动就需要自己的法定代理人事先或者事后同意；另一类是无行为能力人，不能独立进行民事活动，万事只能依靠其法定代理人进行。

区分限制行为能力和无行为能力的一般标准还是年龄。我国《民法通则》原来将未成年人分为十周岁以上的限制民事行为能力人和不满十周岁的无民事行为能力人。随着经济、社会的发展，儿童的心智水平和发育状况更快，心智发育越来越提前。因此，在《民法总则》制定过程中，各方都一致认为，无行为能力人的年龄标准应下调，以尊重儿童自身的意志，保护其合法权益。但到底应调整为什么标准，是六岁、七岁还是八岁、九岁？在《民法总则》起草过程中存在热议。

《民法总则》草案原来建议将限制民事行为能力的年龄设定为

六周岁。除了尊重这一部分未成年人的自主意识，保护其合法权益外，还考虑到《义务教育法》中有关义务入学年龄的规定，六周岁为小学一年级的学龄，具有一定的自主意识，也有进行必要经济活动的要求。与《义务教育法》关于义务教育年龄的规定相呼应，实践中易于掌握、执行①。

在《民法总则》草案审议过程中，有的代表建议维持现行十周岁不变；有的代表赞成下调为六周岁，还有一些代表提出，下调年龄标准需要相关教育学、儿童心理学、社会学方面的长期观察与充分论证，六周岁的儿童虽然有一定的学习能力，开始接受义务教育，但认知和辨识能力仍然不足，在很大程度上还不具备实施民事法律行为的能力，从审慎的角度出发，建议改为八周岁为宜。全国人大法律委员会最终建议，按照既积极又稳妥的要求，在现阶段将限制民事行为能力人的年龄下限修改为八周岁②。《民法总则》最后采纳了八周岁的标准。

（三）给"老小孩"以关爱

年龄是判断一个人心智发育程度的基本标准，但并非绝对标准。有时，人的心智并未随着年龄的增长而增长。虽然达到法定的成年年龄，但是心智发育不全或者已经衰退的成年人就如同"老小孩"，法律仍然有必要予以特别的关爱。

---

① 《关于〈中华人民共和国民法总则（草案）〉的说明》，中国人大网 2016 年 7 月 5 日，http：//www. npc. gov. cn/npc/lfzt/rlyw/2016-07/05/content_ 1993422. htm。

② 第十二届全国人民代表大会法律委员会：《第十二届全国人民代表大会法律委员会关于〈中华人民共和国民法总则（草案）〉审议结果的报告》，http：//www. npc. gov. cn/npc/xinwen/2017-03/15/content_ 2018917. htm。

　　《民法总则》强调，如果成年人不能辨认自己行为，那么就不是完全民事行为能力人，而只能为无民事行为能力人，仍然需由其法定代理人代理实施民事法律行为。如果成年人不能完全辨认自己的行为，那么就只能是限制民事行为能力人，实施民事法律行为由其法定代理人代理或者经其法定代理人同意、追认，但是可以独立实施纯获利益的民事法律行为或者与其智力、精神健康状况相适应的民事法律行为。

　　相较于《民法通则》规定，《民法总则》不再限定只有不能辨认或者不能完全辨认自己行为的"精神病人"才是无民事行为能力人或者限制民事行为能力人。这一修改无疑是科学的。因为在现实生活中，不仅存在因为患有精神病而无法辨认自己行为的人，还存在由于先天智障、老年痴呆等各类非精神病的原因造成无法判断自己行为的成年人。这些人同样需要法律的额外关怀。

　　为了让外界对特定成年人的行为能力是否受限有所了解，民法还创设了针对成年人的无行为能力和限制行为能力宣告制度。不能辨认或者不能完全辨认自己行为的成年人，其利害关系人或者有关组织（如居民委员会、村民委员会、学校、医疗机构、妇女联合会、残疾人联合会、依法设立的老年人组织、民政部门等），可以向人民法院申请认定该成年人为无民事行为能力人或者限制民事行为能力人。

　　等到该成年人心智有所恢复，经本人、利害关系人或者有关组织申请，人民法院还可以根据其智力、精神健康恢复的状况，认定该成年人恢复为限制民事行为能力人或者完全民事行为能力人。

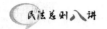

四、特殊群体的保护——监护制度

无民事行为能力人或者限制民事行为能力人由于个人智力和精神不健全，因此其合法权益迫切需要有他人加以保护。民法特意设立了监护制度，专门保护这两类人，弥补其民事行为能力的不足，防止他人不法侵害受保护对象的人身或者财产。

我国 1986 年制定的《民法通则》就已经规定了监护制度。但《民法通则》颁布以来，我国社会发生了不少新变化，特别是"一老一小"问题十分突出。一方面，人口老龄化问题在我国已经日益显现。进入 20 世纪 90 年代以来，我国人口老龄化进程明显加快。根据官方预测数据，预计到 2020 年，全国 60 岁以上老年人口将增加到 2.55 亿人左右，占总人口比重提升到 17.8%左右；高龄老年人将增加到 2900 万人左右，独居和空巢老年人将增加到 1.18 亿人左右，老年抚养比将提高到 28%左右；农村实际居住人口老龄化程度可能进一步加深①。虽然大部分老年人都还具有行为能力，但随着年龄的增长，很多老年人的认知能力和判断能力将大为减退，不排除其中一部分人已经成为或将成为限制行为能力人、无行为能力人。

另一方面，我国农村留守儿童问题也十分突出。根据《中国青年报》采写的《中国农村留守儿童报告》，父母一方或同时外出的农村留守儿童有 6100 万人，父母皆外出的农村留守儿童高达

---

① 《"十三五"国家老龄事业发展和养老体系建设规划》。

902 万人①。中国青少年研究中心 2014 年组织实施的"全国农村留守儿童状况调查"显示，留守儿童的意外伤害问题凸显，有49.2%的留守儿童遭遇过意外伤害（割伤、烧伤、烫伤、摔伤、蛇虫咬伤、车祸、溺水、触电、中毒、火灾、自然灾害等），比非留守儿童高 7.9 个百分点②。个别发生在留守儿童身上的惨剧更是举国震惊。例如 2015 年 6 月 9 日，贵州毕节一个家庭的 4 个留守儿童集体服毒自尽，年龄最大的哥哥 13 岁，最小的妹妹才 5 岁。2016 年 6 月 10 日，江西九江都昌县土塘镇发生一起留守儿童口渴找水溺亡的悲剧，老奶奶带着两个孙女外出劳作，因天热口渴到水库找水，祖孙 3 人不幸溺亡。如此众多的留守儿童，亟须法律为他们的健康成长撑起一片晴朗的天空。

怎么才能为包括失能老人、留守儿童、精神病患者等各类无力自己照顾自己的弱势群体提供有效的法律保障，是《民法总则》需要予以积极回应的重大社会问题。根据我国现阶段社会新特点和未来发展趋势，《民法总则》对《民法通则》既有的监护制度进行了不少调整、创新，做了进一步补充和完善。

（一）监护谁

《民法通则》中的监护制度仅适用于未成年人和精神病人两类，但如前所述，没有罹患精神病的成年人也可能智力和精神不健

---

① 程曼祺、胡宁：《留守一代——中国农村留守儿童报告之一》，中青在线 2016年 11 月 23 日，http：//edu. cyol. com/content/2016-11/23/content_ 14700046. htm。
② 中国青少年研究中心：《全国农村留守儿童状况调查研究报告——"全国六类重点青少年群体研究"课题成果之四》，http：//comments. caijing. com. cn/20150612/3904539. shtml。

全。因此，《民法总则》增设了成年人监护制度，只要是不能辨认或者不能完全辨认自己行为的成年人，无论是否患有精神病，都被纳入了监护体系。

要注意的是，虽然被监护人无法辨认或者无法完全辨认自己的行为，但并不等于他们没有情感和自我意识。不能因为接受监护，而将被监护人视为令人随意摆布的对象。相反，《民法总则》十分注重"尊重被监护人的真实意愿"，无论是有监护资格的人协议确定监护人，还是居民委员会、村民委员会或者民政部门指定监护人，还是监护人履行监护职责，还是法院恢复被撤销监护资格的监护人的监护资格时，都应当尊重被监护人的真实意愿。

（二）谁来监护

谁来监护限制行为能力或无行为能力人，最主要是看谁更能尽心尽责地保护好被监护人。本着"最有利于被监护人的原则"，《民法总则》确立了以家庭监护为基础，社会监护为补充，国家监护为兜底的监护人选规定。

1. 家庭监护

对于未成年人，父母是天然的监护人。未成年人的父母已经死亡或者没有监护能力的，则由有监护能力的祖父母、外祖父母，兄、姐按顺序担任监护人。对于需要监护的成年人，由有监护能力的配偶、父母、子女，其他近亲属按顺序担任监护人。

2. 社会监护

如果被监护人的家属无力监护，则由其他愿意担任监护人的个人或者组织监护，但是须经被监护人住所地的居民委员会、村民委员会或者民政部门同意。《民法总则》相较于《民法通则》在监护人中删掉了单位，增加了有关组织。这主要是考虑到目前我国一些社会组织发展迅速，有意愿和能力来从事监护人工作。而父母所在单位与未成年人父母的关系日渐成为单纯的劳动关系，不适合再被要求担任监护人。

3. 协议监护

民法在直接确定监护人选的同时，也尊重相关当事人的意愿，允许其根据自己的意思确定监护人。首先，被监护人的父母担任监护人的，可以通过遗嘱指定监护人。这特别有利于保障未成年人孤儿的合法权益。父母可以通过"临终托孤"，将小孩托付给自己信得过的人加以监护。其次，依法具有监护资格的人之间也可以协议确定监护人。再次，具有完全行为能力的成年人，可以事先与近亲属、其他愿意担任监护人的个人或者有关组织协商，以书面形式确定自己在丧失或者部分丧失民事行为能力时的监护人。

4. 国家监护

当没有依法具有监护资格的人时，作为兜底，由民政部门担任监护人，或者由具备履行监护职责条件的被监护人住所地的居民委员会、村民委员会担任监护人。

此外，对于监护人的确定有争议时，被监护人住所地的居民委员会、村民委员会或者民政部门还负责指定监护人。有关当事人对指定不服的，可以向人民法院申请指定监护人；有关当事人也可以直接向人民法院申请指定监护人。

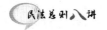

（三）怎么监护

监护人的职责就是代理被监护人实施民事法律行为，保护被监护人的人身权利、财产权利以及其他合法权益等。监护人应当按照最有利于被监护人的原则履行监护职责。除为维护被监护人利益外，监护人不得处分被监护人的财产。

未成年人的监护人在作出与被监护人利益有关的决定时，应当根据被监护人的年龄和智力状况，尊重被监护人的真实意愿。成年人的监护人同样应当最大程度地尊重被监护人的真实意愿，保障并协助被监护人实施与其智力、精神健康状况相适应的民事法律行为。对被监护人有能力独立处理的事务，监护人不得干涉。

（四）监护失职怎么办

监护人不履行监护职责，或者没有按"最有利于被监护人的原则"正确履行监护职责，违法处理被监护人的财产，或者侵害被监护人其他合法权益的，都应当依法承担民事责任。如果监护人存在严重失职状况，人民法院可以根据有关个人或者组织的申请，撤销其监护人资格。

可以撤销监护人资格的情形具体包括，一是实施严重损害被监护人身心健康行为的，例如性侵害、虐待、暴力伤害未成年人，教唆、利用未成年人实施违法犯罪行为，胁迫、诱骗、利用未成年人乞讨等；二是怠于履行监护职责，或者无法履行监护职责并且拒绝将监护职责部分或者全部委托给他人，导致被监护人处于危困状态的，例如父母出卖、遗弃儿童；三是实施严重侵害被监护人合法权益的其他行为的，例如侵吞被监护人的财产等。

有权申请撤销监护人资格的个人和组织包括：其他依法具有监护资格的人，居民委员会、村民委员会、学校、医疗机构、妇女联合会、残疾人联合会、未成年人保护组织、依法设立的老年人组织、民政部门等。人民法院决定撤销监护人资格的，应当安排必要的临时监护措施，并按照最有利于被监护人的原则依法指定监护人。

当然，考虑到人伦因素，被监护人的父母或者子女被人民法院撤销监护人资格后，除对被监护人实施故意犯罪的外，确有悔改表现的，经其申请，人民法院可以在尊重被监护人真实意愿的前提下，视情况恢复其监护人资格。

五、宣告失踪与宣告死亡

天有不测风云，人有旦夕祸福。意外和风险始终与人们的生活相伴相随。虽然人们通常并不愿意去多想意外发生之后怎么办，但意外走失、飞机坠毁、轮船失事、卷入洪水、探险失踪等事件并不会因为人们的美好愿望而从此杜绝。当意外来临，某个个体下落不明之后怎么办，这是民法不能不事先考虑和规范的问题。本着日子该过还得过的态度，民法设置了宣告失踪和宣告死亡制度来应对自然人下落不明的情形。

（一）被宣告的失踪

1. 宣告失踪的条件

自然人下落不明满二年的，利害关系人可以向人民法院申请宣告该自然人为失踪人。下落不明的时间从该自然人失去音讯之日起

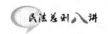

计算。战争期间下落不明的，下落不明的时间自战争结束之日或者有关机关确定的下落不明之日起计算。

2. 宣告失踪的程序

宣告失踪应当由利害关系人向人民法院提起申请。利害关系人是指与下落不明的自然人存在人身或者财产利害关系的人，包括配偶、父母、成年子女、祖父母、外祖父母、兄弟姐妹以及与被宣告人失踪的人有民事权利义务关系的其他人。利害关系人提交的申请书应当写明失踪的事实、时间和请求，并附有公安机关或者其他有关机关关于该公民下落不明的书面证明。

人民法院受理宣告失踪后，应当发出寻找下落不明人的公告。公告期间为三个月。公告期间届满，人民法院应当根据被宣告失踪的事实是否得到确认，决定是否作出宣告失踪的判决。

3. 宣告失踪的后果

宣告失踪制度的目的在于结束失踪人财产关系的不确定性，避免失踪人的财产处于无人管理或者持续不定的状态。为此，法律规定了财产代管人制度，由代管人管理失踪人财产，以保护失踪人与相对人的财产权益。

失踪人的财产由其配偶、成年子女、父母或者其他愿意担任财产代管人的人代管。代管有争议，或者没有法律规定的具备代管资格的人，或者有代管资格的人无代管能力的，由人民法院指定的人代管。

财产代管人应当妥善管理失踪人的财产，维护其财产权益。失踪人所欠税款、债务和应付的其他费用，由财产代管人从失踪人的财产中支付。财产代管人因故意或者重大过失造成失踪人财产损失的，应当承担赔偿责任。

如果财产代管人不履行代管职责、侵害失踪人财产权益或者丧失代管能力的，失踪人的利害关系人可以向人民法院申请变更财产代管人。财产代管人有正当理由的，也可以向人民法院申请变更财产代管人。

4.“王者归来”

失踪人重新出现后，经本人或者利害关系人申请，人民法院应当撤销失踪宣告。失踪人“王者归来”，自然不再需要财产代管人越俎代庖，因此失踪人再现后就可以要求财产代管人及时移交有关财产并报告财产代管情况。

（二）被推定的死亡

1. 宣告死亡的条件

自然人有下列情形之一的，利害关系人可以向人民法院申请宣告该自然人死亡：（一）下落不明满四年；（二）因意外事件，下落不明满二年。但如果因意外事件下落不明，经有关机关证明该自然人不可能生存的，申请宣告死亡不受二年时间的限制。

2. 宣告死亡的程序

宣告死亡与宣告失踪一样，应当向人民法院提起诉讼。申请书应当写明下落不明的事实、时间和请求，并附有公安机关或者其他有关机关关于该公民下落不明的书面证明。人民法院受理宣告死亡案件后，应当发出寻找下落不明人的公告。公告期间为一年，但对于因意外事故下落不明，经有关机关证明该公民不可能生存的，公

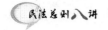

告期间为三个月。公告期间届满，人民法院应当根据被宣告死亡的事实是否得到确认，决定是否作出宣告死亡的判决。

对同一自然人，有的利害关系人申请宣告死亡，有的利害关系人申请宣告失踪，如果符合宣告死亡条件的，人民法院应当宣告死亡。

3. 宣告死亡的后果

被宣告死亡的人，在人民法院宣告死亡的判决作出之日视为其已死亡。因意外事件下落不明宣告死亡的，则以意外事件发生之日视为其死亡的日期。

宣告死亡之后，在法律上如同自然死亡。因此，与宣告失踪不同，宣告死亡不仅会引发财产法律关系的变动，而且也会引发人身法律关系的变动。首先就是被宣告死亡人的婚姻关系，自死亡宣告之日起消灭。其次，被宣告死亡的人的财产在死亡宣告之后应当根据继承法的相关规定开始进行继承。

不过，宣告死亡毕竟只是"被死亡"，如果该自然人其实并未死亡的，那么其还在现实生活中还将继续从事各种民事活动。为了保护正常的交易秩序，这些民事活动虽然是在该自然人被宣告死亡期间实施的，但是效力并不受影响。

4."起死回生"

被宣告死亡的人如果"起死回生"，重新现身的话，自然死亡宣告就可以撤销。只是由于之前宣告死亡已经启动了相关司法程序，向社会公众做了公告。"起死回生"相应地也要经过必要的司法程序，经本人或者利害关系人申请，人民法院应当撤销死亡宣告。

死亡宣告被撤销的，婚姻关系自撤销死亡宣告之日起自行恢复，但是其配偶已经再婚或者向婚姻登记机关书面声明不愿意恢复的除外。至于被宣告死亡的人在被宣告死亡期间，其子女被他人依法收养的，在死亡宣告被撤销后，由于其子女已经融入了其他家庭，因而被撤销宣告死亡的人不能以未经本人同意为由主张收养关系无效。

在财产关系上，被撤销死亡宣告的人有权请求依照继承法取得其财产的人返还财产。无法返还的，应当给予适当补偿。假如利害关系人隐瞒真实情况，致使他人被宣告死亡而取得其财产的，除应当返还财产外，还应当对由此造成的损失承担赔偿责任。

✍ 案例解析

案例一：

我国《侵权责任法》规定，侵害他人造成死亡的，应当赔偿死亡赔偿金。本案中，赵某应否赔偿死亡赔偿金，关键在于赵某的行为是否造成"他人"死亡。也就是说，张某所产下的婴儿算不算"人"。民法上的人始于出生。如果张某所产的婴儿本来就未出生，自然也就谈不上"死亡"。采用不同的出生标准，将对本案中的婴儿算不算"人"得出不同的结论。如果强调出生必须要能够独立呼吸，那么由于该婴儿出生时没有呼吸，就不能认定为已经出生。但如果认为出生不一定必须要能呼吸，而只要具有任何一项生命体征，属于医学上的"活体"，就可以认定已出生，则该婴儿在脱离母体后有心跳，医学APGAR 评分有 2 分，可以断定为已出生。虽然没有医院的出生证明，但是医院的诊断记录可以作为婴儿出生的证据。如此，则张某夫妇完全可以主张死亡赔偿金的赔偿。

案例二：

小孩冲动消费，没有节制地打赏网络主播，责任应当由谁来买单？这个问题的提出，事实上就说明小孩也就是未成年人，心智发育还不成熟，还无法完全理解自己行为的后果，理性地控制自己的行为。这正是民法设置行为能力制度的初衷。

由于小卞以及案例中所提及的众多小孩，虽然已经超过八周岁，但都还未满十八周岁，仍属于限制行为能力人，从法律角度来讲，限制行为能力人只能独立实施纯获利益的民事法律行为或者与其智力、精神健康状况相适应的民事法律行为。新闻报道中的这种大额消费显然不属于未成年人纯获利益的行为，也很难说是与其智力、精神健康状态相适应的行为。因此，即使他们是动用自己的财产打赏网络主播，其行为只要法定代理人没有事先同意或者事后追认，都应当是无效的。

特别需要指出的是，此类事件中，未成年人往往使用的是父母的财产，是在作为账户拥有人的父母不知情的情况下消费父母账户内的资金，这种行为本身就是一种无权处分行为，更是需要得到父母的追认才可以。

案例三：

本案被称为全国首例民政部门申请撤销监护人资格案。未成年人的父母本来是未成年人的第一顺位监护人。但在本案中，李某尽管是小玲的亲生父亲，却不仅不负责女儿的一日三餐，反而长期虐待、暴力伤害小玲，致其浑身受伤，最后还丧心病狂地对女儿实施了性侵害，严重损害了被监护人的身心健康。姚某虽然是小玲的亲生母亲，但自从小玲一岁多离开焦作后，姚某就再也没有照顾过女儿，甚至在得知李某对女儿实施侵害行为，以及小玲已经陷入孤苦伶仃无人照顾的困境后仍拒绝照料小玲，彻底放弃了自己的监护职责。因此，继续让李某、姚某担任小玲的监护人，已经完全违背了监护制度的本意，应当依法撤销此二人的监护人资格。

至于李某、姚某的监护人资格被撤销后，应当由谁担任监护人，从本案披露的信息看，没有其他具有监护能力的人选，而徐州市铜山区民政局已经主动提出担任小玲的监护人，其不仅有能力负担小玲日后的生活成本，而且还能够协调解决小玲的教育、医疗、心理疏导等一系列问题。从最有利于被监护人利益的原则出发，由徐州市铜山区民政局取得未成年人小玲的监护权并无不妥。

最后，徐州市铜山区人民法院于 2015 年 2 月 4 日作出（2015）铜民特字第 00001 号民事判决：撤销被申请人李某对小玲的监护权；撤销被申请人姚某对小玲的监护权；指定徐州市铜山区民政局作为小玲的监护人。

在替小玲感到庆幸的同时，我们需要反思的是，为何小玲的不幸遭遇持续了如此之久。监护权的撤销在《民法通则》中已有规定，只是由于《民法通则》只规定了人民法院可以根据有关人员或者有关单位的申请，撤销监护人的资格，但没有明确什么个人和单位可以具体提出申请，导致监护权的撤销迟迟未能付诸司法实践①。准此而言，《民法总则》对于监护制度的详加规定可谓是有的放矢。

---

① 黄丹羽：《父母监护权被撤销，孩子谁来管?》，中青在线，http：//www. cyol. net 2015-02-07 08：05。

第四讲

团体是什么——民法视野下的组织

法律名言

如果有什么应给付给团体，它不应给付给团体所属的个人，个人也不应偿还团体所欠之债。

——查士丁尼罗马法之《学说汇纂》

正是这种通过财产独立化而产生的限制责任效果，构成了设立法人的本质动机。

——［德］梅迪库斯

现代社会最伟大的发明就是有限责任公司！即使是蒸汽机和电气的发明也略逊一筹。

——［美］尼古拉斯·巴特勒

✍ 要点提示

● 为了适应经济社会活动的需求，节约社会经济生活的交易成本，民法在自然人之外，还赋予了法人和特定的非法人组织民事主体的地位。设立法人应当符合一定的条件。法人成立之后，依法独立享有民事权利，承担民事义务和民事责任。

● 我国民法将法人区分为营利法人、非营利法人和特别法人。各类法人应当依法完善内部治理机制，在确保法人有序高效运作的同时，保障其出资人、设立人或者会员的合法权益。法人的法定代表人对外代表法人从事民事活动，其法律后果由法人承受。法定代表人因执行职务造成他人损害的，由法人承担民事责任。法人章程或者法人权力机构对法定代表人代表权的限制，不得对抗善意相对人。

● 法人终止时，应当依法进行清算。清算义务人不及时进行清算，或者不依法进行清算，对债权人造成损害的，债权人有权要求其承担民事责任。

讨论案例

南长公司、浦投公司与恒通公司共同发起设立了新江南公司。新江南公司8000万元股本中，恒通公司出资6000万元，南长公司及浦投公司分别出资1450万元、550万元。南长公司与浦投公司委托恒通公司办理新江南公司的设立事务。恒通公司为了给新江南公司寻找办公场所，与长盛公司签订了办公楼租赁协议，但租赁合同落款仍为恒通公司。之后，恒通公司因自行开发的商务楼盘滞销，于是决定让新江南公司在自己开发的商务楼中办公，不再履行与长盛公司的办公楼租赁协议，遂与长盛公司产生纠纷。

新江南公司成立以后，恒通公司董事刘某担任新江南公司董事长。刘某提名姜某担任新江南公司董事及总经理。其后，恒通公司由于资金紧张，陆续向新江南公司借了大量资金。在南长公司、浦投公司的催促下，2013年8月20日，恒通公司、新江南公司签订了《债权债务处理协议书》，确认恒通公司共结欠新江南公司3971万元，新江南公司同意恒通公司以某工业区厂房、宿舍作价抵偿，共计作价4035万元。房产与债务充抵后的余额64万元作为过户费用。

同年11月28日，新江南公司董事会决议同意当年工作报告中关于与恒通公司的资产置换方案，授权经营班子操作。但南长公司、浦投公司明确表示反对该项决议。不久之后，恒通公司将相关房产过户给新江南公司。

2015 年 3 月 7 日，新江南公司监事会召开会议决定对抵债房产进行评估，其后新江南公司委托某房产评估机构对抵债房产进行评估，评估价值为 2116.88 万元。

2015 年 4 月 8 日，南长公司、浦投公司向恒通公司发函，认为恒通公司利用担任新江南公司董事长、总经理的优势地位，将实际仅值 2116.88 万元的房产作价 4035 万元充抵其欠新江南公司的欠款，已经构成实质性违约，要求恒通公司尽快清偿余下欠款，否则两家公司将联手向法院提起诉讼。

次日，恒通公司复函强调：其向新江南公司所借现金均为自己原先的现金出资投入，并未伤及南长公司、浦投公司所投入的股本，况且其与新江南公司债权债务事宜已经通过签订《债权债务处理协议书》加以解决。其已按约将抵债房产过户给新江南公司。即使有违约事宜，追究违约责任的权利人也应是新江南公司，南长公司、浦投公司无权介入此事，更无权提起任何诉讼。

2015 年 5 月 17 日，刘某经与恒通公司商量后，决定授权姜某与柯城公司协商，将恒通公司抵债房产以 2100 万元出售给柯城公司。6 月 10 日，刘某代表新江南公司与柯城公司签订房产交易合同。虽然新江南公司章程规定，处置 1000 万元以上资产需经股东会同意，但刘某之前并未将该事项提交股东会讨论。

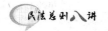

思考问题

1. 长盛公司应当要求恒通公司还是新江南公司承担租赁合同项下损失赔偿责任?

2. 恒通公司对南长公司、浦投公司的答复函法律依据是否充分?

3. 柯城公司能否向新江南公司请求履行房产交易合同?

主要内容

人是群居的动物。从远古时代起,团体生活就是人类生活的一种基本方式。在群居生活中,人们结成了不同的团体。小到家庭、班级、兴趣小组,大到企业、政党、社会,都是一种团体。组织团体本是为了便利人们开展经济社会活动的需要。时至今日,团体在经济社会生活中的重要性某种程度上已经远超个人,许多领域都已被各类团体所主导。普通个体之所以能够参加某些经济社会活动,有时反倒是因为其是这些团体中的一员。

日常生活中结成的社会团体形态十分繁多,结合方式也是多种多样,或松散,或紧密,或长久持续存在,或不过是一时兴起的临时组合。好在并非每一个团体都需要获得民法的承认。实际上,人们在谈论团体的时候,是把它作为一个与相关个体相对应的概念,隐含的意思是将团体与相关个体区分开来。顺着这一思路,民法从五彩缤纷的人类团体中筛选出部分团体,对具有必要的独立性,能够与相关个体区分开来的团体加以承认。用民法上的术语表述，就是赋予此类团体以法律上的人格，使它们可以像有血有肉的自然人一样以自己的名义参与经济社会生活。这类团体就是法人和特定的非法人组织。

一、什么是法人

（一）法人制度的作用

法人是法律承认的能够完全独立于法人的相关个人（如其出资人、设立人、会员等）的组织。就像婴儿离开母体最终获得自己的独立生命一般，法人也彻底脱离了创立这一团体的相关个人，赢得了自己的独立地位。当然，自然人是基于自然规律出生的人，是一个实实在在的生命体。而法人的独立性和人格化很大程度上取决于法律的承认和拟制。正因为如此，法人才被称为"法人"，以彰显其是因为法律而被赋予的独立人格。

法人的独立法律人格意味着这一团体具有民事权利能力和民事行为能力，可以独立享有民事权利和承担民事义务，独立承担民事责任。也就是说，法人可以独立地与相对人订立合同，以自己的名义拥有财产，而不必以自己的成员名义来从事民事活动。同时，法人对自己的民事行为所产生的法律后果承担全部法律责任。除法律有特别规定外，法人的出资人（设立人或者会员）、组成人员均不对法人的债务承担责任。同理，法人也不对相关人员的自身债务承担民事责任。

民法之所以要创设法人制度，最主要的原因是为了适应经济社会活动的需求，节约社会经济生活的交易成本，并借由法人独立财产限制法人成员的责任①。试想一下，如果没有法人制度，那么人们与此类团体打交道时，就需要与组成该团体的众多自然人交往，不仅费时耗力，而且也无从判断如何才能确保自己与某一个个体达成的权利义务协定可以约束到该组织的所有个体。而以法人独立财产为基础的法人独立责任制度则极大地鼓励了社会创新与经济发展。这一点在公司制度中体现得最为明显。由于公司以自身财产独立承担民事责任，公司股东只要足额出资，就可以摆脱公司债务的羁绊。由此，投资人可以放心大胆地投资于公司，现代社会经济发展所需要的巨额资金筹措得以可能。因此，经济学家们才会由衷地赞叹公司制度是人类社会最伟大的发明。

（二）设立法人的一般条件

设立法人一般应具备以下条件：

1. 依法成立

法人是经法律认可的具有独立地位的社会组织。这种法律认可有以下几种方式：一是由法律法规直接创设或者予以确认。例如，机关法人一般由法律法规予以创设。再如，工会、妇联等依法无需进行登记的社会团体，从成立之日起，具有社会团体法人资格。二是要求进行行政审批。如金融机构企业法人的设立需经过相关监管部门的批准。三是要求经过有关机关核准登记。例如普通工商企业

---

① ［德］梅迪库斯：《德国民法总论》，邵建东译，法律出版社 2000 年版，第814—815 页；王泽鉴：《民法总则（增订版）》，中国政法大学出版社 2001 年版，第147—148 页。

经工商行政管理部门核准登记后，成为企业法人。

2. 有自己的财产或者经费

法人必须拥有自身独立的财产或者经费，作为其独立参加民事活动的物质基础。法人设立时所获得的财产或者经费，均是来源于他人，例如出资人、捐助人等。所谓独立财产或者经费，就是强调出资人、捐助人一旦将财产转移给法人之后，法人便拥有对该财产的完整财产权利，能够按照自己的意志独立支配。出资人、捐助人不再拥有该项财产，不能再以财产权人的方式支配该项财产。其他第三方包括国家机关在内也不能对法人财产横加干预。

3. 有自己的名称、组织机构和场所

法人的名称是其区别于其他社会组织的符号。名称应当能够表现出法人活动的对象及隶属关系。例如，企业法人的名称应当符合《企业名称登记管理规定》的要求，包含字号（或者商号）、行业或者经营特点以及企业组织形式。法人的组织机构即办理法人事务的机关，有了相应的组织机构，法人才能按一定程序形成自身的意志。法人的场所则是指法人应当拥有必要的活动场所。

（三）设立中的法人

"罗马不是一日建成的"，设立法人所需要的条件也不是哪一天就突然成熟的。因此，法人诞生之前总有一个筹设的过程。这一过程中的法人就被称为设立中的法人。设立过程中的法人，需要相应地从事一些民事活动，例如租赁经营场所、招聘员工、开设银行账户、商谈投资事宜等。为了保护这些民事活动相对人的利益，设立人为设立法人从事的民事活动，如果是直接以设立中的法人的名义开展的，其法律后果直接由法人承受。将来法人未能成立的，其法律后果就由设立人承受。设立人为二人以上的，享有连带债权，承担连带债务。当然，如果设立人是以自己的名义从事法人筹设过程中的相关民事活动，那么相对人有权选择请求法人或者设立人承担。

二、法人的分类

法人分类图

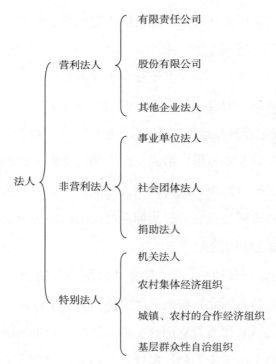

（一）法人分类标准

法人本身也拥有丰富的类型。为了区分不同类型法人适用各自不同的民法规则，就要对法人作进一步的分类。按照不同的标准，法人可以区分为不同种类。比如，按照法人的设立依据不同，可分为私法人和公法人。所谓私法人是指根据民法设立的法人，公法人则是指依据相关公共管理的法律设立的法人。按照法人成立基础不同，可分为社团法人和财团法人。前者是指以法人成员为成立基础，由成员为特定目的的集合而成立的法人；后者是指以捐助的财产为成立基础，并以捐助的目的和设立章程为活动依据的法人。按照法人设立目的不同，可以分为营利法人和非营利法人。不同国家的民法采取的法人分类标准也不尽相同。

我国《民法通则》原先将法人分为企业法人、机关法人、事业单位法人和社会团体法人四类。企业法人中又以所有制性质和企业组织形式为标准进行了二次划分。由于《民法通则》制定时间较早，随着近三十年来我国经济社会的发展，新的法人组织形式不断出现，《民法通则》的法人分类已难以涵盖实践中新出现的一些法人形式，也不适应社会组织改革发展方向，有必要进行调整完善。例如，我国民办学校、民办医院在实践中大量存在，社会各界发起设立了很多基金会，这些都很难完全归入《民法通则》划分的四类法人。而对于企业法人，再按照所有制形式进行二次划分已然不适应市场经济的要求。

《民法总则》按照法人设立目的和功能等方面的不同，将法人分为营利法人、非营利法人和特别法人三类。这种划分的主要理由是认为，一是营利性和非营利性能够反映法人之间的根本差异，传承了《民法通则》按照企业和非企业进行分类的基本思路，比较符合我国的立法习惯。再者，将非营利性法人作为一类，既能涵盖事业单位法人、社会团体法人等传统法人形式，也能涵盖基金会和社会服务机构等新法人形式。三是适应改革社会组织管理制度、促进社会组织健康有序发展的要求，创设非营利性法人类别，有利于健全社会组织法人治理结构，有利于加强对这类组织的引导和规范，促进社会治理创新①。

（二）营利法人

营利法人是指以取得利润并分配给股东等出资人为目的成立的法人，包括有限责任公司、股份有限公司和其他企业法人等。公司是营利法人的主要类型。其他企业法人例如全民所有制企业法人、集体所有制企业法人。

（三）非营利法人

非营利法人是为公益目的或者其他非营利目的成立的，不向出资人、设立人或者会员分配所取得利润的法人，包括事业单位、社会团体、基金会、社会服务机构等。非营利法人并非意味着不能从事营利性活动。非营利法人同样可以通过营利性活动获取利润，例如非营利性法人可以对外进行投资获得回报，可以依法销售相关物品获得利润等。但由于非营利法人的设立目的是公益目的或者其他非营利目的，因此经由营利性活动产生的利润不得分配给出资人、设立人或者会员。这是非营利法人与营利法人的关键区别。

非营利法人包括事业单位、社会团体、基金会、社会服务机构

① 李建国：《关于〈中华人民共和国民法总则（草案）〉的说明——2017年3月8日在第十二届全国人民代表大会第五次会议上》。

等。具体而言：

1.事业单位法人

事业单位，是指国家为了社会公益目的，由国家机关举办或者其他组织利用国有资产举办的，从事教育、科技、文化、卫生等活动的社会服务组织。具备法人条件的事业单位，经依法登记成立，取得事业单位法人资格；依法不需要办理法人登记的，从成立之日起，具有事业单位法人资格。

2.社会团体法人

具备法人条件，基于会员共同意愿，为公益目的或者会员共同利益等非营利目的设立的社会团体，经依法登记成立，取得社会团体法人资格；依法不需要办理法人登记的，从成立之日起，具有社会团体法人资格。

3.捐助法人

以捐助财产设立的基金会、社会服务机构，具备法人条件的，经依法登记成立，取得捐助法人资格。依法设立的宗教活动场所，具备法人条件的，也可以申请法人登记，取得捐助法人资格。

（四）特别法人

我国《民法总则》首创了"特别法人"的分类。特别法人具体包括机关法人、农村集体经济组织法人、城镇农村的合作经济组织法人和基层群众性自治组织法人。这些法人大都是具有中国特色的组织团体。之前，除了机关法人由《民法通则》赋予了法人地位，农民专业合作社由《农民专业合作社法》赋予了法人地位外，这些我国特有的组织团体大都没有明确的法人地位。《民法总则》

专门设一节对特别法人做了规定，明确了这些中国特色组织团体的法人地位，为这些组织的主体资格问题提供了法律依据，使这些组织可以拥有正式的主体身份，以自己的名义独立享有民事权利，承担民事义务。当然，"特别法人"作为一种创新，和传统的法人制度如何协调，还需要在实践中进一步细化磨合。

1. 机关法人

机关法人之所以特别，在于其设立依据、目的、职能和责任最终承担上均与其他法人存在较大差别。从设立依据看，机关法人是依据宪法和行政法成立的。从设立的目的和职能看，机关法人履行的是公共管理职能。从责任最终承担看，机关法人承担民事责任的财产实际上来源于公共财政资金。

2. 农村集体经济组织法人

农村集体经济组织具有鲜明的中国特色。我国农村集体经济组织是从人民公社时期的"三级所有，队为基础"的所有制结构演变而来的，与原生产队、生产大队、人民公社相对应的分别是村民小组、村和乡镇集体经济组织，实践中一般称为经济合作社、经济联合社、经济联合总社等。农村集体经济组织是农村集体资产管理的主体，代表全体成员行使农村土地等集体资产的所有权，是我国除了国家之外唯一拥有土地所有权的组织。

不过，长期以来，农村集体经济组织这个字眼虽然在法律法规中多次出现，但其法律性质却没有确切的界定。农村集体经济组织在发展过程中缺乏有效的法律支撑。当前，我国正在进行农村集体产权制度改革，赋予农村集体经济组织以法人地位符合改革的方向

和精神，有利于完善农村集体经济实现形式和运行机制，增强农村
集体经济发展活力。

农村集体经济组织在设立、变更和终止，管理的财产性质，成
员的加入和退出上都具有特殊性。《民法总则》赋予农村集体经济
组织法人资格后，如何按照法人的框架理顺农民与集体经济组织的
关系，保障农民的成员权，将成为深化农村集体经济组织制度改革
的一项重要内容。农村集体经济组织的成员具有很强的身份性。农
村集体经济组织成员凭借其成员身份对集体资产拥有特定的权利。
目前我国一般凭户籍确定农村集体经济组织成员的身份。例如
《农村土地承包法》中规定，"农村集体经济组织成员有权依法承
包由本集体经济组织发包的农村土地"，即只有本集体经济组织内
部的成员（村民）才享有土地承包经营权。而当成员全家迁入设
区的市转为非农业户口，即丧失了成员的身份，也就丧失了土地。

3. 基层群众性自治组织法人

我国的基层群众性自治组织主要包括居民委员会、村民委员
会。居民委员会、村民委员会等基层群众性自治组织在设立、变更
和终止以及行使职能和责任承担上都有其特殊性。未设立村集体经
济组织的，村民委员会还可以依法代行村集体经济组织的职能。赋
予基层群众性自治组织法人资格，有助于此类组织以自己的名义从
事为履行职能所需要的民事活动，促进基层治理和经济发展。

4. 城镇、农村的合作经济组织

合作经济组织具有互助性质，对这些法人单独设立一种法人类
别，有利于其更好地参与民事活动，也有利于保护其成员和与其进

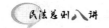

行民事活动的相对人的合法权益。

三、法人的内部治理和外部意思表达机制

　　法人毕竟只是法律意义上的"人"，不像自然人那样，是一个实实在在的生理有机体。因此，法人本身没有类似自然人的意识和心理活动，无法与自然人一样经由心理、生理活动以语言、动作等方式表达出自身的意思。但是，作为一个团体，法人的出资人、设立人或者会员需要知道自己投身其中的法人是如何运转的，特别是如何作出决策，如何付诸实施，自身权益如何得到保障，自己的利益与法人的行动发生冲突时如何处理等。而与法人打交道的其他民事主体，则需要了解谁能代表法人，自己应当与哪一个具体的自然人交往，才能够被认定为是在与法人而非某个自然人开展交易。为此，《民法总则》确立了相关的一般性规则，保障法人的成员和交易对手能够对此做出清晰的判断。

（一）法人的内部治理机制

　　营利法人、社会团体法人、捐助法人由于各自成立基础、运作目的不同，自然会在内部治理上有所差别。不过，万变不离其宗，法人的内部治理机制仍然是有一定规律可循的。《民法总则》正是基于此，对此类法人的内部治理机制做出了一般性安排。

　　1. 法人章程

　　《民法总则》第七十九、第九十一和第九十三条规定，设立营利法人、社会团体法人、捐助法人都应当依法制定法人章程。章程是一个法人的根本大纲，界定了法人组织和活动的基本要求，明确了诸如法人的性质、宗旨、经营或者活动范围、组织机构、议事规则、权利义务分配等法人内部管理和对外活动的基本准则。例如，根据《公司法》第二十五条规定，有限责任公司章程应当载明公司名称和住所、经营范围、注册资本，股东的姓名或者名称、股东的出资方式、出资额和出资时间，公司的机构及其产生办法、职权、议事规则，法定代表人，股东会会议认为需要规定的其他事项。因此，章程是法人设立和运作的根本遵循，是法人设立的必备文件。因此，章程是法人设立和运作的根本遵循，是法人设立的必备文件。

2. 内部组织架构

内部组织架构的科学设置是保障法人治理高效运转的基础。从法人治理的历史经验看，分权与制衡是改进法人治理的基本路径。这在营利法人中表现得尤为明显。营利法人的内部机构框架包括权力机构、执行机构和监督机构三大机构。三大机构各司其职，权责明确，同时相互制约，协调运转，确保利益相关方的平衡以及法人设立目的的实现。

营利法人的权力机构通常为出资人大会。例如，有限责任公司的权力机构为股东会，股份有限公司的权力机构为股东大会。权力机构行使修改法人章程，选举或者更换执行机构、监督机构成员，以及法人章程规定的其他职权①。董事会或者董事等执行机构则行使召集权力机构会议，决定法人的经营计划和投资方案，决定法人内部管理机构的设置，以及法人章程规定的其他职权②。监事会或

① 《中华人民共和国民法总则》第八十条。
② 《中华人民共和国民法总则》第八十一条。

者监事等监督机构依法行使检查法人财务，监督执行机构成员、高级管理人员执行法人职务的行为，以及法人章程规定的其他职权①。

对于捐助法人，《民法总则》同样按照决策、执行和监督分开的规范路径，明确捐助法人应当设理事会、民主管理组织等决策机构，并设执行机构，以及监事会等监督机构②。至于决策机构、执行机构和监督机构的具体职权，《民法总则》没有具体规定。从法理上讲，与营利法人相关机构职权相类似。

值得注意的是，对于社会团体法人，《民法总则》只规定了社会团体法人应当设会员大会或者会员代表大会等权力机构，以及设理事会等执行机构，没有强调需设立单独的监督机构。

3. 出资人、设立人或者会员的权利

法人的内部治理机制还包括合理界定法人与出资人、设立人或者会员之间的权利义务，既要保障其合法权益，也要防止出资人、设立人或者会员妨碍或者损害法人的利益。法人的出资人、设立人或者会员的权利根据法人类型的不同而有所差异。营利法人出资人的权利相较而言，最为全面。主要包括：

一是参与经营管理权。营利法人的出资人通常可以通过参与法人权力机构的方式，参与法人的经营管理。例如，《公司法》规定，有限责任公司股东会作为公司的权力机构，有权决定公司的经营方针和投资计划，审议批准公司的年度财务预算方案、决算方

---

① 《中华人民共和国民法总则》第八十二条。
② 《中华人民共和国民法总则》第九十三条。

案、利润分配方案和弥补亏损方案，对公司增加或者减少注册资本作出决议，对发行公司债券作出决议，对公司合并、分立、变更形式、解散和清算等事项作出决议，修改公司章程等。公司章程还可以规定股东会享有的其他职权①。

二是选择、监督管理者权。《民法总则》规定，营利法人的权力机构行使选举或者更换执行机构、监督机构成员的职权②。出资人相应地通过参与权力机构可以行使相关权利，包括依法行使提名权、选举权和被选举权。《公司法》还进一步规定，在公司董事、监事、高级管理人员侵害公司权益时，公司股东还享有代位诉讼权。

三是知情权。出资人虽然将营利法人的经营权授予了执行机构，但出资人依然享有了解法人基本经营状况的权利。例如，《公司法》明确，股东有权查阅、复制公司章程、股东会会议记录、董事会会议决议、监事会会议决议和财务会计报告。股东可以要求查阅公司会计账簿。公司拒绝提供查阅的，股东可以请求人民法院要求公司提供查阅③。

四是撤销权。营利法人的权力机构、执行机构作出决议的会议召集程序、表决方式违反法律、行政法规、法人章程，或者决议内容违反法人章程的，营利法人的出资人可以请求人民法院撤销该决议④。

---

① 《中华人民共和国公司法》第三十七条。
② 《中华人民共和国民法总则》第八十条。
③ 《中华人民共和国公司法》第三十三条。
④ 《中华人民共和国民法总则》第八十五条。

　　五是资产收益权。营利法人的出资人可以按照章程的规定，收取营利法人分配的红利。

　　六是剩余财产分配权。营利法人的出资人在营利法人解散、清算后，如有剩余财产，有权要求予以分配。例如，《公司法》第一百八十六条规定，公司财产在分别支付清算费用、职工的工资、社会保险费用和法定补偿金，缴纳所欠税款，清偿公司债务后的剩余财产，股东有权按照出资比例或者按照公司章程的规定予以分配。

　　七是出资人的权利不得滥用。营利法人的出资人在享有权利的同时，也不得滥用权利。这是民法诚实信用原则的必然要求。《民法总则》明确，出资人不得滥用出资人权利损害法人或者其他出资人的利益。滥用出资人权利给法人或者其他出资人造成损失的，应当依法承担民事责任。出资人也不得滥用法人独立地位和出资人有限责任损害法人的债权人利益。滥用法人独立地位和出资人有限责任，逃避债务，严重损害法人的债权人利益的，应当对法人债务承担连带责任[①]。控股出资人、实际控制人、董事、监事、高级管理人员不得利用其关联关系损害法人的利益。利用关联关系给法人造成损失的，应当承担赔偿责任[②]。《公司法》还具体规定了股东代位诉讼的制度，如果控股股东对公司造成损害，而公司未能提起诉讼的情况下，相关股东可以代公司提起诉讼。

　　与营利法人的出资人相比，社会团体法人由于为非营利法人，

[①] 《中华人民共和国民法总则》第八十三条。
[②] 《中华人民共和国民法总则》第八十四条。

因此其成员不享有资产收益权。捐助法人捐助人的权利则更为有限，既不享有参与经营管理权，也不享有资产收益权和剩余财产分配权。相应地，《民法总则》特别强调了捐助人的知情权。明确捐助人有权向捐助法人查询捐助财产的使用、管理情况，并提出意见和建议，捐助法人应当及时、如实答复①。

至于特别法人的内部治理机制，由于机关法人、农村集体经济组织法人、城镇农村的合作经济组织法人、基层群众性自治组织法人的性质较为特殊，各自的设立依据、目的均有较大差异，其内部治理机制由相应的法律、行政法规分别加以规范。例如，村民委员会作为农村的基层群众性自治组织，其组成、选举、职责、监督等事宜都应当根据《村民委员会组织法》的规定执行。

（二）法人的外部意思表达机制

根据《民法总则》的规定，法人的法定代表人依照法律或者法人章程规定，代表法人从事民事活动。

1. 何人可以担任法定代表人

根据《民法总则》，营利法人执行机构为董事会或者执行董事的，董事长、执行董事或者经理按照法人章程的规定担任法定代表人；未设董事会或者执行董事的，法人章程规定的主要负责人为其法定代表人。社会团体法人，由理事长或者会长等负责人按照法人章程的规定担任法定代表人。捐助法人，则由理事长等负责人按照法人章程的规定担任法定代表人。事业单位法人的法定代表人依照

---

① 《中华人民共和国民法总则》第九十四条。

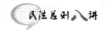

法律、行政法规或者法人章程的规定产生。

2. 代表行为的法律后果

法定代表人以法人名义从事的民事活动或者其他执行职务的行为，其法律后果由法人承受。也就是说，法定代表人以法人名义取得的民事权利，承担的民事义务，都归属于法人本身而不是法定代表人自己。同理，法定代表人因执行职务造成他人损害的，也由法人承担民事责任。当然，法人承担民事责任后，依照法律或者法人章程的规定，可以向有过错的法定代表人追偿。

3. 越权代表

法人内部，例如法人章程、法人权力机构可能会对法定代表人对外代表法人的权限加以限制，但是这种限制多数情况下外界并不知晓。因此，法人章程或者法人权力机构对法定代表人的代表权范围的限制，不得对抗善意相对人。只有在第三人知晓法人内部对法定代表人权限限制的情况下，法定代表人越权代表的行为才不能约束到法人。

四、法人的终止

如同自然人脱离不了寿终正寝，法人也有消亡之际。作为法律拟制的一种人格，法人的消亡一般称之为法人的终止。法人一旦终止，首当其冲受到影响的就是与法人开展交易往来的各类债权人，包括雇员、上游供应商、下游销售商、融资方等。《民法总则》为此特设法人终止和清算制度，确保法人有序终止，有效保障债权人的利益。

（一）法人终止的原因

法人终止的原因主要包括法人解散和法人被宣告破产。法人的解散包括自愿解散和非自愿解散。自愿解散的情形有法人章程规定的存续期间届满或者法人章程规定的其他解散事由出现，或者法人的权力机构决议解散，或者法人合并、分立需要解散。非自愿解散主要是指法人依法被吊销营业执照、登记证书，被责令关闭或者被撤销，因而需要解散。

（二）清算义务人

除了法人合并或者分立的情形外，法人出现终止原因后，最后宣告终止前，都需要依法进行清算。实践中，有一些法人在终止原因出现之后却迟迟不进行清算，导致债权人的债权久久不能得到清偿。《民法总则》针对此种情形，明确了法人解散的情形下，法人的董事、理事等执行机构或者决策机构的成员为清算义务人，应当及时组成清算组进行清算。清算义务人未及时履行清算义务，造成损害的，应当承担民事责任；主管机关或者利害关系人还可以申请人民法院指定有关人员组成清算组进行清算。至于法人破产的情形下，则应根据《企业破产法》的规定，由法院组织进行破产清算。

但是，这里要提醒的是，《公司法》关于公司清算义务人的规定与《民法总则》略有不同。根据《公司法》第一百八十三条，公司由于相关解散事由而解散的，应当在解散事由出现之日起十五日内成立清算组，开始清算。有限责任公司的清算组由股东组成，股份有限公司的清算组由董事或者股东大会确定的人员组成。最高人民法院《关于适用〈中华人民共和国公司法〉若干问题的规定

（二）》进一步明确，有限责任公司的股东、股份有限公司的董事和控股股东未在法定期限内成立清算组开始清算，导致公司财产贬值、流失、毁损或者灭失，债权人主张其在造成损失范围内对公司债务承担赔偿责任的，人民法院应依法予以支持。有限责任公司的股东、股份有限公司的董事和控股股东因怠于履行义务，导致公司主要财产、账册、重要文件等灭失，无法进行清算，债权人主张其对公司债务承担连带清偿责任的，人民法院也应依法予以支持。①因此，有限责任公司的清算义务人为股东而非公司董事，股份有限公司的清算义务人则为董事和控股股东。由于《民法总则》明确了对于法人的清算义务人如果法律、行政法规另有规定的，依照其规定，所以公司的清算义务人仍应按《公司法》及其司法解释的上述规定加以确定。

（三）清算程序和清算组职权

有关法人清算程序和清算组具体职权，在破产清算情形下，依《企业破产法》规定执行，对于非破产清算，如法律没有特别规定，可参照《公司法》规定的程序进行。

清算组在清算期间行使下列职权：（1）清理法人财产，分别编制资产负债表和财产清单；（2）通知、公告债权人；（3）处理与清算有关的法人未了结的业务；（4）清缴所欠税款以及清算过

---

① 《最高人民法院就〈公司法司法解释二〉答记者问》：根据《公司法》的规定，公司解散后，有限责任公司的股东、股份有限公司的董事和控股股东有义务及时启动清算程序对公司进行清算，即有限责任公司的股东和股份有限公司的董事、控股股东应为公司解散后的清算义务人。清算义务人应当清算而没有清算时，应当承担相应的民事责任。

程中产生的税款；（5）清理债权、债务；（6）处理法人清偿债务后的剩余财产；（7）代表法人参与民事诉讼活动。

清算的程序包括：（1）通知、公告债权人，清算组应当自成立之日起十日内通知债权人，并于六十日内在报纸上公告。债权人应当自接到通知书之日起三十日内，未接到通知书的自公告之日起四十五日内，向清算组申报其债权。（2）清算组清理法人财产、编制资产负债表和财产清单。（3）制定清算方案，并报法人权力（决策）机构或者人民法院确认。（4）实施财产清算。（5）制作清算报告，报法人权力（决策）机构或者人民法院确认，并报送登记机关。

在整个清算期间，法人仍然存续，但是已经不得从事与清算无关的活动。《公司法》还明确，公司在清算期间开展与清算无关的经营活动的，由公司登记机关予以警告，没收违法所得。

（四）清算后剩余财产的分配

法人清算后的剩余财产，根据法人章程的规定或者法人权力机构的决议处理。法律另有规定的，依照其规定。但是，为公益目的成立的非营利法人终止时，不得向出资人、设立人或者会员分配剩余财产。剩余财产应当按照法人章程的规定或者权力机构的决议用于公益目的；无法按照法人章程的规定或者权力机构的决议处理的，由主管机关主持转给宗旨相同或者相近的法人，并向社会公告。

清算结束并完成法人注销登记时，法人终止；依法不需要办理法人注销登记的，清算结束时，法人终止。法人被宣告破产的，依

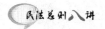

法进行破产清算并完成法人注销登记时，法人终止。

五、非法人组织

非法人组织，顾名思义，是既非自然人个体，也不属于法人的组织体。自然人和法人是社会生活中最为典型的两类民事主体。但是，社会生活极其纷繁复杂，除了自然人与法人之外，还有大量的非法人组织客观存在。这是因为人们日常经济社会生活中经常需要以团体形式从事相关活动，但并不一定因此就形成十分紧密、彻底脱离于个体的组织。民法作为"社会生活的百科全书"，对于各式各样的非法人组织的存在无法视而不见，而必须有所呼应与规范。

（一）非法人组织的民事主体地位

传统民法对于民事主体的界定主要聚焦在自然人和法人。我国《民法通则》也只规定了自然人和法人两类民事主体。然而，非法人组织的存在和广泛介入经济社会生活是一种客观事实。例如，个人独资企业、合伙企业的数量十分庞大，在经济社会生活实践中也都在以自己的名义从事各种民事活动，但其并不具备法人资格。再如，会计师事务所，它们在经济社会生活中起着重要的作用，被称为市场经济下的"经济警察"，但绝大多数会计师事务所也并不具备法人资格。

鉴于非法人组织的广泛客观存在，对于其民事主体地位，虽然有所争论，但我国《民法通则》之后的相关民事立法事实上以不同的方式予以了一定的承认。例如，《合同法》对合同的界定就是自然人、法人、其他组织之间设立、变更、终止民事权利义务关系的协议，已经将自然人、法人、其他组织三者相提并论。《个人独资企业法》、《合伙企业法》更是明确了投资人、合伙人可以以个人独资企业、合伙企业的名义从事经营活动。

在《民法总则》的立法过程中，各方的共识是，明确这些组织的民事主体地位可以适应现实需要，有利于其开展民事活动，促进经济社会发展，也与其他法律的规定相衔接。[1] 因此，《民法总则》明确赋予"非法人组织"以民事主体地位，设专章对非法人组织作了规定，将非法人组织正式纳入民法的一般规范。

承认非法人组织作为一种民事主体，意味着非法人组织可以以自身的名义而不是相关成员的名义享有民事权利，承受民事义务，承担民事责任。与其打交道的交易对手，也可以清楚地知道自己是在与一个团体、组织进行交易往来而不是与某个自然人个体进行交易往来。

其实，如果我们愿意承认现实社会生活的多姿多彩，用渐变的眼光来审视民事主体的话，大致可以将各类民事主体比作一段光谱，自然人个体处于光谱的一端，随着民事主体个体性的减弱和团体性的加深，到达光谱的另一端就是法人，而介于自然人和法人之间的组织就是非法人组织。

（二）非法人组织的主要类型

实践中，人们所结成的团体千差万别，其中绝大部分都达不到法人的组织化程度。但是，民法不可能也没有必要承认所有的非法人团体均为民事主体意义上的非法人组织。《民法总则》第一百零

---

① 李建国：《关于〈中华人民共和国民法总则（草案）〉的说明——2017年3月8日在第十二届全国人民代表大会第五次会议上》。

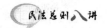

二条明确，非法人组织是能够依法以自己的名义从事民事活动的组织。此处强调能够"依法"以自己名义从事民事活动，意味着需要有相关的法律对非法人组织的民事主体身份加以确认。已经获得《民法总则》明确确认的具备民事主体资格的非法人组织主要包括个人独资企业、合伙企业和不具有法人资格的专业服务机构等。

1. 个人独资企业

根据《个人独资企业法》，个人独资企业是指由一个自然人投资，财产为投资人个人所有，投资人以其个人财产对企业债务承担无限责任的经营实体。个人独资企业虽然是自然人个人投资的，但作为一家企业拥有自身的雇员、经营场所、生产资料等，已经具备了一定组织体的特性。

2. 合伙企业

根据《合伙企业法》，合伙企业是指自然人、法人和其他组织以合伙形式所设立的经营实体，包括普通合伙企业和有限合伙企业。合伙企业拥有两个以上合伙人，合伙人共同出资、合伙经营，合伙企业不等于任何一个合伙人，组织体的特性比个人独资企业更进一步。

3. 不具有法人资格的专业服务机构

此处的专业服务机构主要是指未按企业注册登记，同时又不具有法人资格的专业服务机构。例如，作为提供法律专业服务的律师事务所，包括个人律师事务所与合伙制律师事务所。律师事务所是以事务所而非单个律师的名义提供法律服务，同样具有组织特性。

（三）非法人组织的基本特点

非法人组织虽然也属于组织体，但由于其组织化程度较弱，因此与法人在民法上仍存在一定差异。主要体现在：

一是在组织设立上不同。《民法总则》规定，非法人组织应当依照法律的规定登记。通过登记被承认为非法人组织，一方面，可以避免实践中各类相对松散的组织都泥沙俱下被纳为民法所称的非法人组织；另一方面，登记之后有所公示，也便于交易对手了解自己交往的组织是否属于非法人组织，是否真正具备民事主体地位。

二是在民事权利义务归属上不同。非法人组织虽然以自己的名义从事民事活动，但由于还与组织成员存在一定程度的联系，因而在民事权利义务归属上，并没有彻底与组织出资人或设立人完全隔离开来。其中最突出的就是，非法人组织的财产并非完全独立。例如，《个人独资企业法》明确，个人独资企业的财产属于投资人个人所有；《合伙企业法》明确，合伙人的出资、以合伙企业名义取得的收益和依法取得的其他财产，均为合伙企业的财产，但在特定条件下，合伙人仍然可以请求分割财产。

三是在民事责任承担上不同。由于非法人组织财产并非完全独立，因而它不具有独立承担民事责任的能力。当其在对外进行业务经营活动而负债时，如其自身所拥有的财产足以清偿债务，则由其自身偿付；如其自身所拥有的财产不足以偿付债务时，则由其出资人或者设立人对其所欠债务承担清偿责任。

当然，法律也可以就此作出特殊的制度安排。例如，《合伙企业法》规定，普通合伙企业由普通合伙人组成，每一位合伙人都对合伙企业债务承担无限连带责任。而有限合伙企业则由普通合伙人和有限合伙人组成，普通合伙人对合伙企业债务承担无限连带责任，有限合伙人以其认缴的出资额为限对合伙企业债务承担责任。

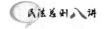 **案例解析**

　　关于长盛公司应当要求恒通公司还是新江南公司承担租赁合同项下损失赔偿责任。恒通公司是为了发起设立新江南公司而与长盛公司签订办公楼租赁合同。但是，恒通公司在签订合同时，使用的又是自己的名义，合同落款是恒通公司本身。因此，根据《民法总则》关于设立人为设立法人以自己的名义从事民事活动产生的民事责任，第三人有权选择请求法人或者设立人承担的规定，长盛公司既可以要求恒通公司也可以要求新江南公司承担租赁合同项下损失赔偿责任。

　　关于恒通公司对南长公司、浦投公司的答复函。首先，恒通公司认为，其向新江南公司所借现金均为自己原先的现金出资投入，并未伤及南长公司、浦投公司所投入的股本，这一说法是错误的。因为新江南公司作为法人，拥有独立的财产权。无论是恒通公司还是南长公司、浦投公司的出资，一旦出资完成，相关财产就已成为新江南公司的法人财产，与原先的股东无关。恒通公司向新江南公司所借款项，即使这些款项的来源真的是自己的货币出资，其与新江南公司之间仍然形成债权债务关系。只要恒通公司未清偿全部欠款，势必对新江南公司造成损害。

　　其次，对于恒通公司与新江南公司的债权债务关系，虽然双方签订了《债权债务处理协议书》，恒通公司也已按约将抵债房产过户给新江南公司。但由于抵偿房产的价值经评估并未达到其拖欠新江南公司的款项，恒通公司作为新江南公司的控股股东，为牟取本公司利益而操纵新江南公司，让新江南公司同意以低值高估的房产抵债，其行为已构成对新江南公司及其他非控股股东权利的侵害。根据《民法总则》、《公司法》的规定，恒通公司应当承担相应的民事责任。

再次，恒通公司认为，即使有违约事宜，追究违约责任的权利人也应是新江南公司，南长公司、浦投公司无权介入此事，更无权提起任何诉讼，这一说法也缺乏法律依据。对于恒通公司给新江南公司造成的损害，新江南公司当然有权提起诉讼。如果新江南公司由于受恒通公司的控制，难以提起诉讼，则南长公司、浦投公司可以根据《公司法》的规定，依法行使股东代位诉讼权，对损害新江南公司利益的控股股东提起诉讼。

关于柯城公司能否向新江南公司请求履行房产交易合同。柯城公司与新江南公司已经签订了房产交易合同。新江南公司的法定代表人刘某签署了相关协议。虽然新江南公司的章程规定，超过 1000 万元以上的资产处置需经股东会批准，但是这一限制根据《民法总则》、《合同法》的规定，并不能约束善意的合同相对人。只要柯城公司不知道或者不应当知道新江南公司章程有此限制，则其依法享有的合同权利并不受影响。

民法总则：一部开启一个时代的法律

第五讲

我有什么——权利及其限制

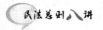

法律名言

我们的时代是权利的时代。

——［美］L.亨金

认真对待权利。

——［美］德沃金

天才就是百分之一的灵感加上百分之九十九的汗水。

——［美］托马斯·爱迪生

专利制度就是给天才之火加上利益之油。

——［美］亚伯拉罕·林肯

法者，定分止争也。

——韩非

一兔走，百人逐之，非以兔可分以为百也，由名分之未定也。夫卖兔者满市，而盗不敢取，由名分已定也。故名分未定，尧、舜、禹、汤且皆如鹜焉而逐之；名分已定，贪盗不取。

——商鞅

行政权力退缩的空间有多大，民事权利伸展的空间就有多大。

✎ 要点提示

● 民法是市民的权利宣言书，民法总则当以权利为重。一般来讲，
权利包括人身权和财产权两大类。人身权又有人格权和身份权的
划分。财产权又分为物权、债权、知识产权、社员权、继承权。
人身权和财产权的主要区别在于：人身权不可转让、不可抛弃
（公权力也不可转让、不可抛弃，二者在这一点上类似），而财产
权是可转让、可放弃的权利。正因为如此，市场交换的权利只能
是财产权，贩卖人口、买卖器官、买卖血液等为法所不许。

● 民法总则明确列举的自然人的人格权包括生命权、身体权、健康
权、姓名权、肖像权、名誉权、荣誉权、隐私权、婚姻自主权，
法人的人格权包括名称权、名誉权、荣誉权。需要特别强调的是，
民法总则明确将隐私权规定为一项人格权。

● 身份权主要指自然人因婚姻家庭中的身份关系而产生的权利，包
括配偶权、监护权、亲属权等。

● 物权的基本分类是所有权、用益物权和担保物权。所有权是财产
权利的基础，用益物权和担保物权皆从所有权派生，用益物权是
对所有权使用价值的发挥，担保物权基于所有权的担保价值而设
立。主要的用益物权有国有土地使用权、集体建设用地使用权、

宅基地使用权、农村土地承包经营权、地役权等；主要的担保物权有抵押、质押和留置。需要特别提醒的是，保证也是一种担保方式，但保证是基于保证人的个人信用而成立的担保，属于人保，担保物权是物保。

● 债的发生根据有四，分别是合同之债、无因管理之债、不当得利之债和侵权行为之债，相应地，债权包括合同债权、无因管理债权、不当得利债权和侵权损害赔偿债权。实践中，最为常见的债权是合同债权和侵权损害赔偿债权。

● 知识产权是年轻的权利类型，主要包括著作权、专利权、商标权、地理标志权、商业秘密权、集成电路布图设计权和植物新品种权等。

● 社员权包括股权、农民专业合作社社员权等。

● "权"是"利"之壳，"利"是"权"之核。民法所保护者，以权利为重，但不限于权利。实践中存在的未被法律确认为权利类型的重大利益，也可能成为民法保护的对象，典型的如个人信息、数据、网络虚拟财产。民法总则虽然没有明确肯定个人信息权，但对个人信息也明确规定。事实上，很多权利就是从其利益得到保护而逐渐上升为权利的。正是因为民法保护的对象不限于权利，还包括一些重大利益，所以才有民事权益之说，民事权益即民事权利和利益的合称。

● 广大百姓最为珍视的财产权是房屋和土地的权利，那是其安身立命之本。商品房买卖的本质是一方货币所有权和另一方房屋所有权及占用范围内的国有土地使用权的交换。在新中国成立初期，土地还可以私有，相应的土地房产证书名为"地房产所有证"。在土地可以私有的年代，土地房屋均无期限限制，自然不会存在今天所谓的土地使用权期限到后的自动续期问题。然而，在土地不再可以私有，个人只能拥有一定期限的土地使用权的今天，土地使用权的期限长短及届满如何处理的问题就显得非常重要。然而，从实践来看，我们很多老百姓在买卖房屋时并不怎么关注土地使用权期限问题，引起轩然大波的温州王女士即是如此，直到自己要转让房屋过户给他人时才发现土地使用权期限已过。其实，我们的老百姓不了解国有土地使用权期限也与我国一些地方不颁发"小土地证"有关，我们的老百姓本来就重视房产证，在房地分离登记的过去，房屋所有权证是老百姓最为信赖的权利证书。这里特别提醒大家注意的是，买卖房屋时，不仅要关注土地使用权的期限，还要关注土地的性质。实践中，并非一个小区只由一宗土地构成，一个小区由多宗期限不同的土地构成的情况并不少见，你的房屋落在不同的宗地上，就会有不同的期限。

● 农村土地"三权分置"改革的核心就是要将实践中大量通过出租、转包形式流转形成的受让方债权性质的经营权物权化，从而形成集体土地所有权、农户承包权和规模经营主体的经营权三权并存格局，以满足规模经营主体稳定经营和抵押融资需要。所要解决的核心问题是承包户原本可以通过解除合同保障的租金收益，在经营权物权化后如何有效保障。

● 中国人传统上并非完全没有隐私的观念。圣人教导我们，"非礼勿视，非礼勿听，非礼勿言，非礼勿动"。

● 法网是用权利和义务编织起来的，了解它、识别它应从每一个由权利义务构成的基础单元中去找寻。社会千姿百态，实践千变万化，利益千丝万缕。领导干部如果不能以权利义务为线索去审视、规范纷繁复杂的社会关系，即使千辛万苦也未必名垂青史。权利至上是法治的核心精神，权利是权力的边界。当权力与权利冲突时，要找到权力限制权利的正当理由、法律根据，并遵守法定程序，有些情况下还要及时公正补偿，典型的例子就是征收应当遵守公共利益、正当程序和公正补偿三原则。

● 改革开放 30 多年的成绩有目共睹，但积累的问题不容忽视。解决这些历史欠账，需要从"剪不断、理还乱"的陈年老账中梳理出权利流向图、义务履行图。真正弄清楚权利的来龙去脉，谁享有权利，谁（包括政府）应当履行义务，以及义务的份额。越是面对"糊涂账"，越需要保持清醒。实践表明，对待历史遗留问题，依法办事有时的确有困难，但不依法办事只能使问题更复杂，只能制造更多的问题。

● 行政执法不可避免地要与老百姓的权利发生关系，严格执法的前提是尊重权利，遵守限制权利的条件、程序，执法过程中常见的"一刀切、一锅煮、一停了之、一关了之"的简单粗暴做法应当尽可能避免。

讨论案例

案例一：温州住宅国有建设用地使用权期满自动续期风波

王女士于 2012 年在温州市区买了一套 75 平方米的二手房，2016 年她准备将该房卖掉时，发现土地使用权在 3 月 4 日已经到期。而按照当时温州拟出台的规定，如果王女士的土地证还没过期，在转让时续期享受"优惠价"（土地市场评估价的 40%）缴纳土地出让金，取得 70 年土地使用权。如果过期后续期，需缴纳的土地出让金为全额的土地款，全额土地出让金约 20 万元，接近房款的 1/3。经当地媒体曝出后，在全国范围内引发震动。

思考问题

1. 王女士当初买房时到底买了什么？

2. 该问题如何解决？

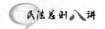

案例二：拆除小区围墙风波①

十五不过年未完。2016年2月21日，正月十四，新华社发布了《中共中央　国务院关于进一步加强城市规划建设管理工作的若干意见》，其中规定"已建成的住宅小区和单位大院要逐步打开，实现内部道路公共化，解决交通路网布局问题"。这则重磅新闻，立刻引起了广泛关注和激烈争论，经济学家马光远说："拆除的是小区围墙，毁掉的是对法律的信仰。"企业家冯仑认为："墙倒了便是路。"毫无疑问，围绕拆除小区围墙的严肃话题冲淡了元宵佳节的喜庆和犹浓的年味。那么，引起风波的中央文件又是如何规定的呢？

2016年2月6日《中共中央　国务院关于进一步加强城市规划建设管理工作的若干意见》（以下简称《若干意见》）关于街区路网规定如下：（十六）优化街区路网结构。加强街区的规划和建设，分梯级明确新建街区面积，推动发展开放便捷、尺度适宜、配套完善、邻里和谐的生活街区。新建住宅要推广街区制，原则上不再建设封闭住宅小区。已建成的住宅小区和单位大院要逐步打开，实现内部道路公共化，解决交通路网布局问题，促进土地节约利用。树立"窄马路、密路网"的城市道路布局理念，建设快速路、主次干路和支路级配合理的道路

---

① 在该场争论激烈进行之际，作者之一刘锐应法制网之约写了《拆除小区围墙：政策定了调，推进靠法治》的小文章，被人民网、光明网等各大网站转载，引起了社会的广泛关注。

126

网系统。打通各类"断头路"，形成完整路网，提高道路通达性。科学、规范设置道路交通安全设施和交通管理设施，提高道路安全性。到 2020 年，城市建成区平均路网密度提高到 8 公里/平方公里，道路面积率达到 15%。积极采用单行道路方式组织交通。加强自行车道和步行道系统建设，倡导绿色出行。合理配置停车设施，鼓励社会参与，放宽市场准入，逐步缓解停车难问题。

　　面对社会的广泛质疑，2016 年 2 月 24 日，住建部新闻发言人官方回应称：正确理解"逐步打开封闭小区和单位大院"。对推广街区制给出的理由是：一是街区制是对世界城市规划经验的总结，也是发达国家通行的做法；二是封闭小区和单位大院确实存在问题，主要是它影响了路网的布局，形成了"丁字路"、"断头路"，是造成交通拥堵的重要原因之一，也影响了社区居民的出行。因此，《若干意见》提出"新建住宅要推广街区制，原则上不再建设封闭住宅小区。已建成的住宅小区和单位大院要逐步打开，实现内部道路公共化，解决交通路网布局问题，促进土地节约利用。"《若干意见》同时强调，在理解和落实过程中，要注意把握好以下几点：一是要认真全面理解好"逐步"两个字。"逐步"就是要有计划，要有轻重缓急，并不是"一刀切"，也不是"一哄而起"，更不能简单地理解为"拆围墙"。二是《若干意见》对这项工作提出了方向性、指导性的要求，具体实施中还要制定细则，特别是各省、各城市还要根据实际情况，制定具体办法。在制定办法过程中，肯定要听取市民意见。三是要实施逐步打开封闭小区和单位大院的城市，都会考虑到各种实际情况，考虑到各种利益关系，依法依规处理好各种利益关系和居民的诉求，切实保障居民的合法权益。

思考问题

1. 对开放住宅小区，您怎么看？

2. 您如何看待这场争论？

案例三：江苏沛县试点土地经营权证①

中共十八届三中全会提出"赋予农民对承包地占有、使用、收益、流转及承包经营权抵押、担保权能"。一年后，中办、国办印发《关于引导农村土地经营权有序流转发展农业适度规模经营的意见》，明确在农村土地确权基础上，探索所有权、承包权、经营权"三权分置"改革。在这一背景下，作为江苏省农业现代化建设试点县的沛县，先行先试。2014 年 9 月 16 日，江苏省沛县县长吴卫东为大屯镇家庭农场主蔡先栋颁发该县 1 号农村土地经营权证（这一天共发出 52 张农村土地经营权证）。

---

① 闫峰：《江苏沛县试点土地经营权证激活农村沉睡资源》，人民网，http：//js. people. com. cn/n/2015/0116/c360300-23571208. html。张庆来、张伟伟：《沛县激活农村改革"一盘棋"——颁发土地经营权证，全面启动新一轮农村综合改革》，中国县域经济网，http：//www. zgxyjjxw. com/news/1325. html，2014 年 11 月 15 日。

以政府信用为担保，① 为农业新型经营主体颁发农村土地经营权证。沛县政府在颁证的同时赋予了这张证可以抵押、融资的功能，一张证激活土地要素。而为了使经营权真正能够担保融资，沛县建立了两大风险控制机制，一是县财政注资 1 亿元成立的农业融资担保公司，为全县农村土地承包经营权、农村居民房屋所有权、林权等抵押贷款、新型农业经营主体经营贷款及涉农企业贷款提供担保服务。二是设立"土地银行"。"土地银行"由镇、县两级农业部门以公司化形式组建，一方面，收储百姓撂荒及等待流转的土地，根据土地的位置、等级、存地期限等因素确定存地利息，并发给农户存地权益证书；另一方面，考虑到一旦"土地运营商"经营不善、贷款逾期或付不出租金，土地流出的农户收入受损，"土地银行"还可以收回违约的农场土地，交由县农委农业种植、养殖专家团队来经营，亏损部分再由财政补齐。

思考问题

沛县做法值得借鉴的经验有哪些？可能的问题是什么？

案例四：芬兰前总理马蒂·万哈宁隐私权案②

2003 年 6 月，马蒂·万哈宁开始担当芬兰新一任政府总理。

---

① 在沛县，农村土地经营权证被视为是在新一轮农村土地承包经营权确权的基础上为规范土地流转而向规模化土地经营者出具的一份政府信用证明。

② 陶蹊：《芬兰总理誓将隐私权官司打到底》，《青年参考》2008 年 3 月 12 日；《前女友披露芬兰总理个人隐私被罚 300 欧元》，搜狐新闻，http://news.sohu.com/20090213/n262214820.shtml.，2015 年 5 月 5 日访问。

万哈宁的妻子梅里亚是一名"空嫂"，二人育有两个孩子。对于万哈宁出任总理，梅里亚没有多大的热情。万哈宁曾被法国前总统希拉克称为"芬兰最性感的男人"。但在 2007 年 3 月前，大多数芬兰人并不认为万哈宁有什么魅力，反而觉得这位领导人有一点儿"枯燥"。

2005 年 4 月，万哈宁与妻子宣布结束婚姻，之后有多名女性先后与他交往，其中包括前"芬兰小姐"、后来担任芬兰文化部长的塔尼娅·卡尔佩拉。从 2006 年开始，万哈宁与苏珊·库罗宁秘密交往。这段恋情持续 9 个月后，万哈宁与库罗宁在郊外度假时不巧被几名游客发现，并拍照曝光。之后，万哈宁因不满库罗宁向记者大谈与总理的恋情而提出分手。极为失望的她为了"报复"万哈宁，将自己的姓氏改为"鲁苏宁"（在芬兰语中意为"睡美人"），并接受了大量媒体的采访。没想到万哈宁始终保持沉默。在这种情况下，鲁苏宁变本加厉，在 2007 年 3 月芬兰大选前数日，她出版了自传《总理的新娘》，详细讲述了她和总理的浪漫史，登载了大量两个人互发的短信。

在大选前的敏感时刻被公开个人隐私，万哈宁对此十分恼火。他将鲁苏宁回忆录的出版商卡里·奥亚拉告上了法庭，要求对方支付 1000 欧元的精神损失费，但并未起诉鲁苏宁。不过，芬兰检察机关随后介入，要求法庭以"侵犯他人隐私并造成损害"的罪名将奥亚拉判刑，并要求其支付 50000 欧元的赔偿金。检察机关同时要求鲁苏宁支付 7000 欧元的赔偿金。

出人意料的是，鲁苏宁的回忆录不仅没有影响到民众对万哈宁领导的中间党的支持率，反倒帮了万哈宁一个大忙。鲁苏宁的回忆录出版后，中间党的支持率急速上升，最终赢得了选举的胜利，万哈宁本人也得以连任总理。有分析认为，鲁苏宁的回忆录让许多芬兰人改变了对万哈宁的一贯看法，认为这位领导人一点儿都不"枯燥"，反而充满了人性的魅力。

2008年2月15日，赫尔辛基地区法院开庭审理了鲁苏宁一案。在崇尚开放和言论自由的芬兰，这种案件极为少见，因而引起了公众的广泛关注和激烈讨论。芬兰YLE电视台进行的民意调查显示，约42%的芬兰民众支持万哈宁采取法律行动，反对者则占39%。鲁苏宁的回忆录也逐渐受到许多芬兰民众的冷落。2007年3月出版后的一年时间里仅售出4000余本，许多书店甚至拒绝销售。

2008年3月5日，法庭对案件进行裁决，裁定万哈宁败诉，理由是，出版商披露总理的私生活并无违法之处，况且公众人物隐私权受保障的程度原本就不同于一般人。法官在判决书中指出："回忆录中有部分属于非常详细的性描写，但就整体而言，相当细腻和富有感情。书中内容并无不实，写作也无恶意，因此不构成犯罪。"据芬兰媒体报道，在案件的审理过程中，法官和3名陪审员意见分歧很大。后来，法庭根据大多数陪审员的意见裁定鲁苏宁无罪。

得知判决结果，出版商奥亚拉喜笑颜开，称芬兰"还是一个法治国家"，万哈宁对此则相当不满。"依照法庭的这个判决，政府总理生活中的方方面面都可以被认定为'公共信息'。我的看法是，即便是政府总理，也有权要求每天生活中的至少几个小时作为真正的个人时间，拥有一些隐私，不应该允许人们肆无忌惮地透过窗子偷窥。如果有人获得了有关我私人生活的信息，也不应该在超市中售卖。"万哈宁不服判决，提出上诉。

2009年2月10日，芬兰赫尔辛基上诉法院宣布了裁决。裁决认为，鲁苏宁和她的出版商违法泄露和传播私人信息，侵犯了万哈宁的隐私，为此被分别处以300欧元和840欧元的罚款。另外，上诉法院责令出版商向万哈宁赔付1000欧元的精神损失费。

思考问题

如何看待公众人物的隐私权？

主要内容

一、我们有哪些民事权利——民事权利体系

权利可以划分为宪法权利和民事权利两大类。宪法权利属基本权利，包括自由权与社会权两大类。自由权包括人身自由、政治自

由、精神自由、经济自由。自由权又被称为"基本自由"或"免于束缚的自由"，其实现有赖于消极的国家权力行为，出于对抗国家权力侵犯的目的被写入宪法，要求政府"有所不为"。社会权分为工作权、社会安全（保险）权、文化教育权，又被称为"免于匮乏的自由"，要求政府以积极的姿态去保障基本权利的实现，要求政府"有所为"。民事权利是宪法权利的具体化，大致可划分为人身权和财产权两大类，人身权又分为人格权和身份权，财产权主要包括物权、债权、知识产权和社员权四类。下面分别对这六大类权利予以介绍。

（一）人格权

人格是人之所以成为人的要素或条件的总称，主要包括生命、身体、健康、姓名、肖像、自由、名誉、隐私等，以这些人格利益为客体的民事权利便是人格权。与财产权可自由转让不同的是，人格权一般不得抛弃、不得转让，人格权主要包括生命权、身体权、健康权、姓名权、肖像权、名誉权、隐私权等。在这些权利中，需要简单说明的是名誉权与隐私权。

名誉是指公众对特定自然人的道德品质、才能、思想、作风或其他品质所作的评价。隐私主要包括个人信息（个人数据、个人资料）、个人活动和个人空间隐私三个方面。个人信息包括自然人姓名、出生年月日、居民身份证号码、护照号码、特征、指纹、婚姻、家庭、教育、职业、病历、医疗、基因、性生活、健康检查、犯罪前科、联络方式、财务情况、社会活动及其他得以直接或间接方式识别该个人的资料。其中有关医疗、基因、性生活、健康检查及犯罪前科的私人信息为敏感信息；个人活动包括日常生活、社会交往、夫妻之间的性生活甚至婚外性关系以及一切私人不愿意公开的活动和事实等个人的、与公共利益无关的活动；个人空间是私人支配的空间场所，除个人合法占有的房屋之外，还包括私人合法支配的空间，如更衣室、电话厅、饭店包房等，甚至包括虚拟空间。

从本质上讲，隐私权就是个人对其隐私的控制权，即通过控制，实现个人利益的最大化。现代社会隐私权保护的核心是个人信息隐私，个人信息隐私的要义在于个人对于信息的控制。关于名誉权与隐私权的区别，可以这样界定：无中生有、恶意中伤往往侵犯的是他人的名誉权；而实事求是、原原本本泄露他人不欲人知的个人信息，窥探、监视他人私人空间、活动的为侵犯他人隐私权的行为。一言以蔽之，名誉权要求人们不能说"假话"以贬损他人形象，而隐私权要求人们即使是他人真实的情况，也不能"乱说"。

这里需要特别强调公众人物的名誉权、隐私权和公众知情权、公共事务监督权的冲突问题。有学者对 2004 年之前的新闻侵权纠纷总结后认为，我国的新闻侵权纠纷出现过四次浪潮：第一次浪潮是普通公民告媒体阶段（1988—1990 年）以《民主与法制》杂志社记者沈涯夫、牟春林的"二十年疯女之谜"一文侵犯杜融名誉权官司为典型案例；第二次浪潮是名人告媒体阶段（1992—1993年）以徐良、游本昌、陈佩斯、刘晓庆、陈凯歌、李谷一状告新闻媒体侵犯其名誉权官司为典型案例；第三次浪潮是工商法人告媒体阶段（1996—1997 年）以周林频谱仪等状告新闻媒体侵犯其名誉权官司为典型案例；第四次浪潮是官员告媒体阶段（1998—2004

年）以公务人员（包括税务干部、农工部长、首长秘书、文化局长、县委书记、市长、警察、法官等）状告新闻媒体侵犯其名誉权官司为典型案例。① 从这四次浪潮来看，第二、第四次涉及的恰恰是公众人物。也就是说，我国公众人物名誉权与新闻自由权、公众知情权的冲突已在 20 世纪 90 年代初突显。需要指出的是，上述关于四次浪潮的概括是基于 2004 年之前的实践，2004 年之后，先后引起社会高度关注的"稷山诽谤案"、"志丹短信案"、"重庆彭水诗案"、"西丰诽谤案"等案件，是以"诽谤罪"的形式呈现出来的，暴露的是地方"父母官"名誉与公众知情权之间的激烈冲突。至于公众人物隐私权与公众知情权的冲突，虽然真正到法院提起诉讼的并不多，但近年来不断发生的针对官员、明星的不雅视频风波，实际上已经将这一问题推到了风口浪尖。典型的例子是"陈冠希艳照门"。"毕福剑不雅视频"风波。对于公众人物名誉权、隐私权与公众知情权、监督权的冲突问题，首先需要明确的是，"公众人物是公共财富"，应当坚持公众知情权、监督权、公共利益优先原则。在著名的《纽约时报》诉萨利文一案中，美国联邦最高法院认为，一项虚假陈述即使影响官员的名誉，也并不能成为裁定给予官员损害赔偿的充分理由。除非官员能够证明虚假陈述人具有诽谤的实际恶意，即被告明知该有关官员的事实陈述是虚假的，但却故意发表或玩忽放任，根本不在乎陈述真实与否。之所

---

① 参见徐迅："中国新闻侵权纠纷的三次浪潮"，《中国青年报》1993 年 8 月 5 日；徐迅：《中国新闻侵权纠纷的第四次浪潮——避免与化解纠纷的实践指南》，中国海关出版社 2002 年版。

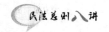

以采取这样的立场，是因为联邦最高法院认识到，与社会大众的言论自由和人民对于公共事务的论辩与评价的权利相比，公共官员的名誉应当退居其次。在此问题上保护官员的所谓名誉权，只能带来对于言论自由的钳制。联邦最高法院指出，不可否认公职人员在遇到诽谤而受到损害的情形时，也应当获得救济。但是，联邦最高法院同时指出，"没有任何先例可以支持任何人利用反诽谤法，限制人们针对官员执行公务的行为表达批评意见"。联邦最高法院强调，"对于公共事务的辩论应当是毫无拘束、富有活力和充分公开的，包括激烈的、尖刻的，甚至是令人不快的、针对政府和官员的严厉抨击"，这是一项被美国社会所深深认同的基本原则，不容被削弱和破坏。由于"在自由辩论中，错误意见不可避免；如果自由表达要找到赖以生存的呼吸空间，就必须保护错误意见（的表达）"。因此，当官员的名誉受到侵犯时，并不能以言论自由作为代价加以救济。即使是出现某些不实之词，也不能因此让发表言论的人背上诽谤的重担。但必须强调的是，公众人物隐私权的限制也是有限度的，即对公众人物隐私的公开应当限于与其社会地位和社会声誉相关的私人信息的了解和评价，公众人物纯粹的私人活动、私人空间和私人信息理应受到法律的保护，即公众人物的下列隐私应该受到保护：住宅不受非法侵入或骚扰；私生活不受监视；通信秘密；夫妻两性生活不受他人干扰或调查；以及与社会政治和公共利益及其行使职务行为完全无关的私人事务。对于国家工作人员的监督，无论是"八小时之内"，还是"八小时之外"，都应当掌握在合理范围之内。

（二）身份权

身份权是民事主体基于特定身份关系而享有的民事权利，包括亲权、配偶权和亲属权。亲属权是父母与成年子女、祖父母与孙子女、外祖父母与外孙子女以及兄弟姐妹之间的身份权的统称。亲权是指父母对于未成年子女的身心抚养、监护和财产管理的权利。父母同为未成年子女的亲权人。配偶权是指合法配偶之间相互享有的身份权，即夫对妻以及妻对夫的身份权。

需要说明的是，我国的法律语言中，还有监护权这一概念。如前述第三讲介绍，监护的对象、监护的主体都比较广泛，监护权涵盖了亲权的内容。

（三）物权

物权意义上的物一般是指人类可支配的、有价值的、人体之外的有体物。电力、磁力、燃气以及特殊情形的权利也是物权的对象。物可分为动产和不动产。

物权是指权利人依法对特定的物享有直接支配和排他的权利。其特征是：（1）物权为直接支配物的权利。物权是以直接支配标的物为内容，是支配权。所谓"直接"，是指物权人对于标的物的支配无需他人行为的介入即可实现。这是物权与作为请求权的债权最主要的区别。（2）物权为支配特定物的权利。由于物权是对物直接支配的权利，所以物权的客体必须是特定物，即具体指定的物。（3）物权具有排他性。由于物权是权利人通过支配特定物而获得利益的权利，权利人实现其利益也无需其他人介入，因此物权具有排除他人不当干预的特性。对于权利人之外的其他人，包括各

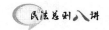

级政府在内，必须容忍物权人行使其权利，除非有正当理由（比如政府征收），否则不得干涉权利人行使权利。

物权包括所有权、用益物权和担保物权：（1）所有权是对自己的不动产或者动产，依照法律规定享有占有、使用、收益和处分的权利。所有权人有权在自己的不动产或者动产上设立用益物权和担保物权。（2）用益物权是指当事人依照法律规定，对他人所有的不动产或者动产，享有占有、使用和收益的权利，包括地上权（建设用地使用权、宅基地使用权）、农村土地承包经营权、地役权等。（3）担保物权是指债权人对债务人或者第三人提供的担保财产或者债权人合法占有的财产，当债务人不履行到期债务或者发生当事人约定的实现担保物权的情形时，享有优先受偿的权利，包括抵押权、质押权和留置权。

需要说明的是，物权实行法定原则，物权的种类和内容必须由法律规定，当事人不得自由创设法律未规定的新种类物权或新的内容。所有权是对自己所有物的权利，因此也称为自物权。用益物权和担保物权均是对他人所有物的权利，因此也被称为他物权。

（四）债权

债权主要包括因合同而产生的债权和因侵权而产生的债权。双方当事人之间订立合同，比如买卖合同，实际上在原本没有法律权利义务关系的两方之间产生了权利义务关系，这种权利义务关系就是一方有权请求对方作出某一行为，反之，另一方一般也有权请求对方作出某一行为。比如，在房屋买卖合同中，买方有权请求卖方交付房屋并转移所有权（办理过户登记），而卖方有权请求买方支付价款（货币自支付时起所有权自动转移）。在这样一种关系中，买方请求卖方交付房屋并转移所有权的权利和卖方请求买方支付价款的权利就是债权，与所有权等物权直接支配物以实现利益不同的是，债权利益的实现只能请求他人履行。正是由于这种差别，物权被称为支配权，而债权被称为请求权。

除了因合同产生的债权外，另一大类债权就是侵权损害赔偿债权。权利的赋予固然重要，权利的救济更具有价值，因为没有救济就没有真正意义上的权利。现代社会，权利类型越来越多样化，权利内容也越来越丰富，但同时权利遭受侵犯的可能性也在增大。人格权、身份权、物权、知识产权等权利遭受侵犯的主要救济措施就是损害赔偿，即让侵犯权利之人向权利被侵犯之人赔偿。这种请求侵犯权利之人赔偿的权利就是一种债权。一般情况下，侵权赔偿责任要以权利被侵犯之人证明侵犯权利之人主观上有过错为前提，这也就是侵权归责的过错责任原则。但是需要注意的是，在现代工业社会，工业事故、产品事故、机动车事故、环境事故等事故频发，有些事故损害潜伏期长、损害规模大、原因难查明，而且造成损害之人往往是通过工业、经营等获得利益，因此是在经济上处于优势地位的企业主、富人，遭受损害之人往往是产业工人、消费者、行人等弱势群体。如果损害发生后，依然坚持过错责任原则，让弱势群体去证明环境污染、产品事故等是由于某一企业过错行为造成的，不仅超出了他们的诉讼负担能力，有时甚至是无法完成的重负。比如，让"三鹿奶粉"事件中落后地区的农民证明他家患儿的严重肾结石疾病是由于饮用"三鹿奶粉"所致显然是不现实的。

为了保护弱势受害人的权益，侵权法在产品事故、环境事故、机动车事故等领域实行了无过错责任原则（英国、美国等英美法系国家的类似概念是严格责任原则）。

所谓无过错责任原则，并不是说产品制造人、环境污染人、机动车驾驶人等对于事故的发生事实上没有过错，而是说权利受害人向侵权行为人主张赔偿时，无需过问侵权行为人是否有过错，只要证明是侵权行为人的行为造成了权利人权利受损，且侵权行为人没有正当抗辩理由（比如受害人故意、不可抗力）。需要注意的是，不同的事故法律规定的侵权行为人的抗辩理由并不相同，民用航空事故中，不可抗力也不能免责，侵权行为人就要承担赔偿责任。因此，无过错责任原则的本意不是没有过错，而是不问过错的有无。法律规定让产品生产企业、环境污染企业等承担比过错责任严格的无过错责任的主要考虑是：一方面，这些企业制造了危险（这些危险是现代工业文明的必然附带品，是人类社会发展必须容忍的风险），它们可以控制危险，它们有能力承担风险或通过提高产品价格、购买责任保险等途径分散风险；另一方面，受害人往往规模庞大，经济上处于弱势，自我负担风险的能力不足，需要得到快速救济。而责任的严格化可以促使企业等投保责任保险，从而一方面分散企业的事故责任风险，另一方面可以快速有效地救济事故受害人，从而有利于社会的稳定与发展。我国《侵权责任法》第六条第一款"行为人因过错侵害他人民事权益，应当承担侵权责任"规定的是过错责任原则，而第七条"行为人损害他人民事权益，不论行为人有无过错，法律规定应当承担侵权责任的，依照其规定"规定的是无过错责任原则。在《道路交通安全法》第七十六条修改过程中，有好多人对该条规定的机动车方的责任不解，质问道："没有过错怎么让机动车方承担责任?"其实，现代社会中，不问过错即让侵权行为人承担责任的规定越来越多。

此外，在《侵权责任法》中，还有一种过错推定的制度设计。过错推定者，是将民事诉讼"谁主张，谁举证"原则下原告本来负担的证明被告有过错的责任，分配给被告负担，即法律规定特殊损害类型推定侵权行为人有过错，除非被告证明自己对于损害的发生没有过错，否则就要承担败诉的责任。《侵权责任法》第六条第二款"根据法律规定推定行为人有过错，行为人不能证明自己没有过错的，应当承担侵权责任"规定的即为过错推定责任。

（五）知识产权

知识产权是公民和法人在科学、技术、文化、艺术和市场运作等领域中的创新成果，依法获得的专有权利。知识产权主要包括版权及其邻接权（包含计算机软件等）、商标权、专利权（发明、实用新型、工业品外观设计）、集成电路布图设计权、地理标志权、植物新品种权、未披露过的信息（商业秘密）等。

从本质上说，知识经济就是以产权化的知识（知识产权）为基础的经济。当今世界，国家的核心竞争能力日益体现为对智力资源和智慧成果的培育、拥有、配置和调控能力，尤其体现为对知识产权的拥有和运用能力。目前发达国家的经济总量中，知识经济已占到一半以上。

20世纪末，尤其是21世纪初，美、日、韩等许多国家制定知识产权战略，以振兴经济和增强国际竞争能力。经过30多年的发展，我国的专利、商标等在绝对数量上得到了快速发展，但与我国庞大的企业数量相比，还很低，尤其是质量不高。如"中国有95%以上的企业没有自己的专利，拥有核心技术专利的企业仅为万分之三。相比之下，外国公司注重专利权的取得，将其专利申请的重点集中在发明专利，并将发明专利申请集中在高新技术领域。据统计，在航空航天、高清晰彩电、通信、电子、汽车等领域，外国公司拥有中国发明专利高达80%甚至90%。"① 2008年，国务院《国家知识产权战略纲要》（以下简称《纲要》）发布，《纲要》指出：知识产权已经成为关系国家发展的重大战略问题，是国家核心战略资源，是国家重要发展战略。

（六）社员权

社员权是团体成员根据其在团体中的地位产生的对于团体的权利。社员权基于社员资格而产生，并因这种资格的丧失而丧失，一般不能继承。社员权是一个复合的权利，包含表决权，对业务的知悉、执行和监督权，盈利分配权和团体终止时的剩余财产分配权。

股东权是最重要的一种社员权。股东权中非经济性质的权利有会议参加权、决议权、选举权与被选举权、股东会决议撤销诉权、股东会决议无效诉权、董事会决议无效或撤销的诉权、股东会召集请求权等。经济性质的权利有股息分配请求权、剩余财产分配请求权、新股认购权、股份收购请求权等。这些权利又因公司种类而有

---

① 吴汉东：《中国知识产权法制建设的评价与反思》，《中国法学》2009年第1期，第61—62页。

不同，例如股份有限公司股东还有股票交付请求权、股份转让权等。

除股东权外，农民专业合作社的社员对于专业合作社的权利也是社员权，社员有参与管理、分享盈余等权利。在表决机制上，根据《农民专业合作社法》规定，农民专业合作社成员大会选举和表决，实行一人一票制，成员各享有一票的基本表决权。而出资额或者与本社交易量（额）较大的成员按照章程规定，可以享有附加表决权。本社的附加表决权总票数，不得超过本社成员基本表决权总票数的20%。享有附加表决权的成员及其享有的附加表决权数，应当在每次成员大会召开时告知出席会议的成员。此外，章程可以限制附加表决权行使的范围。

以上权利类型中，人格权和身份权合称为人身权，物权、债权、知识产权和股权属于财产权的范畴，现代产权也主要指这四大权利。市场交换说到底是权利的交换，人身权原则上是不能交换的，因此不仅贩卖人口属于严重刑事犯罪，人体器官的买卖也是被法律所禁止的。此外，公权力不能成为市场交换的对象。正是基于公权力和人身权的不可交易性，权权交易、权钱交易、权色交易才为法所不许。

二、我们对个人信息、数据、网络虚拟财产有何权利

现代信息社会，个人信息、数据、网络虚拟财产的价值日益突显，对其保护的呼声也日渐高涨，相关的纠纷已成为司法实践的难题。由于相关领域的法律缺乏，这些问题在《民法总则》制定过

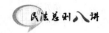

程中成为争论的一个焦点。《民法总则》也对个人信息、数据和网络虚拟财产的保护作出了规定。该法第一百一十一条规定："自然人的个人信息受法律保护。任何组织和个人需要获取他人个人信息的，应当依法取得并确保信息安全，不得非法收集、使用、加工、传输他人个人信息，不得非法买卖、提供或者公开他人个人信息。"第一百二十七条规定："法律对数据、网络虚拟财产的保护有规定的，依照其规定。"

既然《民法总则》做了规定，是不是意味着我们就可以享有个人信息权、数据权和网络虚拟财产权呢？首先，既然《民法总则》在列举具体权利类型时没有将个人信息、数据和网络虚拟财产纳入，就意味着这几项还不能称之为权利。其次，虽然这几项还不是权利，但在法律已经明确规定的情况下，应当是法律予以承认并保护的利益。第三，从上述规定来看，《民法总则》对待个人信息、数据和网络虚拟财产的保护态度并不同，个人信息是法律明确肯定并给予保护的利益，而数据、网络虚拟财产的保护问题还有待其他法律的规定。

从《民法总则》关于权利、利益的不同规定可以看出，权利和法律保护的利益是不同的，而且，权利演变也是一个不断丰富、完善的过程，社会的发展不断孕育出新的权利类型，这些新权利往往是从法律保护的重大利益中成长起来的，在这个意义上可以说，权利也有一个从法律保护的利益到权利的成长过程。个人信息、数据、网络虚拟财产已经被《民法总则》规定，这些利益升格为权利似乎是早晚的事。以下简单介绍一些各国个人信息保护的基本原则。

现代个人信息保护的基本原则可概括为个人信息收集利用限制原则、信息内容原则、个人参加原则、安全保护原则。首先，个人信息收集利用限制原则不仅要求个人信息的收集一般只有在获得信息主体明确同意的情况下方可进行，而且要求个人信息的收集目的特定合法、个人信息的取得方法合法公正。尤其对于医疗、健康、种族、政治意见、宗教信仰、哲学信仰、集会结社信息或涉及性生活等的敏感信息，一般应当禁止收集，除非为了保护信息主体的重大利益，且有信息主体的明确同意和适当的安全措施。其次，信息内容原则要求个人信息的收集应与收集目的有关联，且个人信息在该目的必要范围内，应属正确、完全及保持最新状态。同时要采取合理措施以确实删除或改正不正确或不完全的个人信息。第三，个人参加原则要求保证个人接近其个人信息及对其个人信息提出异议的权利。一般而言，个人有权利从信息管理人或其他人取得是否保有个人信息的确认，有权在合理的期限内，以适当的费用、合理的方法及可理解的方式接触关于自己的信息。在一定情形下，个人有权要求删除、修正或补充个人信息。这一原则是保护个人信息的核心。第四，信息安全原则要求个人信息应当给予适当的安全保护，以避免其遭受损失、破坏、不正当接近、利用、篡改或披露。

从政府管理实践来看，存在的主要问题有：有关政府部门、教育、医疗等机构超范围搜集个人信息、保护措施不力、超范围使用，典型的例子是乱安摄像头、监控设备，各种表格登记信息过多、过滥，缺乏个人信息的自动更新机制、保护技术和保护责任，

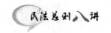

甚至存在个别政府官员或工作人员故意泄露个人信息的现象。

三、两权相遇守规矩者胜

公权力有边界，私权利也非绝对。在实行死刑的国家，生命权可以剥夺，何况其他人身或财产权利的限制。因此，真正的问题不是权利可不可以限制，而是权利如何限制，尤其是对限制权利的权力的限制。《民法总则》第一百三十二条规定，"民事主体不得滥用民事权利损害国家利益、社会公共利益或者他人合法权益。"下面主要介绍公权力如何限制私权利，以及私权利如何妥当行使。

（一）公权力如何限制私权利

美国著名法学家霍姆斯曾经说过："长期以来，人们承认价值的享有受到不言而喻的限制。但是，这不言而喻的限制也有其自身的界限……"。私权利需要公权力的保障，但对私权利威胁最大的还是公权力。一般而言，公权力限制私权利需遵循以下原则：

第一，目的的正当性——公益性。公共利益既是公权力限制私权利的理由，也是其界限所在。对人身自由的限制、对生命权的剥夺如此，对财产权的征收征用以及税收的征收也如此。《民法总则》将国家利益与公共利益并列作为限制私权利的正当事由，这是值得注意的。

第二，形式的正当性——法定性。有关犯罪和刑罚、对公民政治权利的剥夺和限制人身自由的强制措施和处罚属于法律绝对保留事项；税种的设立、税率的确定和税收的征管，非国有财产的征收征用等也属于法律相对保留事项，在法律没有规定时，方可授权国务院制定行政法规予以规范。近年来，税收的立法权已被全国人大从国务院收回，征收征用目前还没有实现规范形式的法定化，国有土地上房屋征收与补偿目前由行政法规调整，集体土地所有权的征收征用由法律、法规和规章、规范性文件共同调整，国有建设用地的收回目前还处于无法可依的状态。

第三，程序的正当性——相互性。相互性原则并非要求限制必须取得被限制者的同意，而是不能排除被限制者的意见对立法和适用法律产生影响。这一原则包括公众参与决策、被限制者参与法律适用程序及可争议性（特别是可诉性）。在征收征用领域，程序日益完善，征收征用是否满足公益性标准也逐渐纳入司法审查的范围，这是明显的进步，但程序的正当性依然不够。

第四，手段的正当性——比例性。这主要是针对公权力对财产权的限制而言的。比例原则是针对行为目的与手段之间的关系而言的，旨在维持公共利益与财产权之间的公平衡量。这一原则包括三层意思：适宜性，要求手段促使实现期望的结果；必要性，要求手段是必要的；适当性，要求限制的严厉程度，与所追求的目的的重要性、紧迫性程度相当。在发达国家，公共利益只是土地征收的先决条件，土地征收的正当性还要进一步考察是否满足比例原则，这在有些国家通过立法予以规定，有些国家则成为司法审查的重点。我国对于征收公益性的审查刚刚起步，比例原则的贯彻尚待时日。

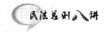

（二）权利的正当行使

公权力不可滥用，私权利同样不可滥用。公权力滥用和私权利滥用是当今社会的两大毒瘤。中共十八大以来，强力反腐有效遏制了公权力滥用，但私权利滥用问题依然突出，滥访滥诉、违章建设、出卖人身，以及肆意收集、使用、传播他人信息，如此等等都是法治中国、法治社会建设所必须克服的问题。

民法是权利书，《民法总则》的颁布和民法典的编纂，将再次掀起公民权利意识的觉醒，这自然是好事。但真正的权利是有限制的权利，是以尊重他人权利为基础的权利。我们应当树立正确的权利观，妥当行使权利。

四、领导干部应树立权利思维

（一）认真对待他人权利

领导干部在行权履责过程中，几乎没有不影响他人权利的立法、决策和执法。一般情况下，他人的权利就是公权力的边界。因此，要尊重他人的权利。在农村土地规模化流转及城镇化建设过程中，为什么中央三令五申要求尊重农民意愿，不能强迫"上楼"、强迫流转，核心在于农民对承包地有承包经营权，对宅基地和房屋有宅基地使用权、房屋所有权。即使在承包地种什么、怎么种的问题上，也应尊重农民的意愿，只能引导示范，不能干预过多。尤其需要注意的是，要认真对待他人的隐私权，因为政府掌握了80%以上的个人信息，这些信息是否被滥用，关键取决于政府对待政府信息的态度。当然，尊重权利并不意味着权利不可限制。但必须注意的是，对权利的限制是有条件的。超越权力的正当边界行使权力，往往会伤及他人权利。而相对于民事主体之间的侵权行为而言，政府侵犯民事权利的伤害力更大、影响也更坏，因而更需警惕。

领导干部应认真对待政府权利和义务。政府既是公权力主体，同时也是市场上最大的买家，时常充当市场主体，代表人民行使国有资产所有权，在土地出让、政府采购等活动中成为一方契约当事人。因此，领导干部应当认真对待政府权利，不能造成国有资产流失。同时，政府应当在市场参与过程中，自觉履行合同义务，以诚信政府带动诚信社会建设。我国政府采购规模较大，"在中国物流与采购联合会公共采购分会成立仪式上，中国物流与采购联合会副会长蔡进表示，2013 年我国政府采购总额达到 1.39 万亿元，包括政府采购、国企采购在内的全国公共采购市场总规模超过 20 万亿元。"[①] 另有报道称："2014 年全国'大交通'完成投资 2.5 万亿元。"[②] 如此规模的公共采购，意味着政府诚信对于市场诚信建设的重要。

（二）以权利、义务为线索调整社会关系、处理社会矛盾

市场经济是法治经济。法治经济要求法律通过权利义务建构社会关系的基本框架。依法治国、建设法治政府要求领导干部首先能够识别权利义务的基本类型和特点，从而以权利、义务为线索去审

---

① 《2013 年我国公共采购市场规模达 20 万亿》，http：//finance. chinairn. com/News/2014/03/27/163011479. html，2015 年 6 月 5 日访问。

② 政府采购信息网，http：//www. caigou2003. com/zhengcaizixun/ gongchengcaigou/ 2015-03-01/11229. html，2015 年 6 月 8 日访问。

视、调整社会关系。民事权利包括人格权、身份权、物权、债权、知识产权和股权。不同的民事权利，对应的义务不一样，对于人格权、身份权、物权、知识产权、股权，政府的首要义务是尊重、不干预。对于合同权利，如果政府是合同一方当事人，就应当信守约定，全面履行合同义务。此外，在诉讼中，当事人尚有诉讼权利。树立法治思维的目的之一，就是要求领导干部从权利、义务两个纬度分析、认识社会关系，从调整、平衡权利义务关系的角度去制定法律、规则，推进改革。

我国正处于全面建成小康社会、全面深化改革、全面依法治国、全面从严治党的关键阶段。这一阶段的主要特征是破旧立新，法律的立、改、废频繁，规则推陈出新。可以说，几乎没有不影响当事人权利义务的规则。因此，各级领导干部无论是在制定法律时，还是在立规立矩时，都要坚守公平正义原则，纠正失衡了的权利义务关系，逐步建立起权利义务的动态平衡机制。比如，在当前推进的农村土地制度改革，就要处理好落实农民土地权利、发展适度规模经营、维护农村稳定发展，以及处理好国家、集体和农民个人的利益关系等问题。

纷繁复杂的社会矛盾如果从权利义务的角度去分析，就会清晰得多、简单得多，这也是正确对待矛盾纠纷及其当事人，妥善处理社会矛盾的一种有效方法。在很多情况下，政府不仅是权力的担当者和市场秩序的维护者，同时也是市场的平等参与者，领导干部处理社会矛盾时也应坚持权义性思维。不管是历史遗留问题，还是当下的社会矛盾，首先应当思考的是事件或矛盾纠纷的性质、权利义务关系，正常的法律途径，然后分析一下政府自身的权利、义务，并以此作出决策，进而公平、合理、妥善的处理。既要避免该为的不为、不到位，同时也要防止大包大揽、乱作为、越位。从这个意义上讲，"花钱买平安"、"不闹不解决，小闹小解决，大闹大解决"所体现的显然不是权义性思维，应当尽量避免。

✎ 案例解析

案例一：温州住宅国有建设用地使用权期满自动续期风波

王女士名义上买房，实质上购买的是房屋所有权和该房屋所占用范围内的国有土地使用权，而且严格来讲，国有土地使用权的价值要远远高于房屋所有权。正是在这个意义上，有人说王女士 2012 年买房时"就好比她用高价买了辆快报废的二手车"是有一定道理的。由于我国过去多数地方实行房屋和土地分别由房屋管理部门和土地管理部门登记，国有土地使用权在一些地方只有房地产开发商有当初从政府受让土地时取得的国有土地使用权证书（所谓的"大土地证"），房地产开发完成并出售房屋给业主后，一些地方只向业主颁发房屋所有权证，而不颁发分解到户的国有土地使用权证（所谓的"小土地证"）。由于老百姓向来重视房屋所有权、对国有土地使用权并不了解，加之分别登记且不颁发"小土地证"等原因，和王女士一样不知道国有土地使用权期限的业主并不少见。其实，土地的价值

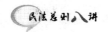

远甚于房屋，老百姓买房不仅应关注国有土地使用权的期限，还应关注国有土地使用权的面积。今天我们聚焦国有土地使用权的自动续期问题，过不了几年，我们就可能更关注小区房屋重建问题。有报道称我国房屋的平均寿命是30年，而我国很多房屋是20世纪90年代修建的，也就是说30年寿命即将来到。一个小区的楼越高越密，居住的人越多，每个业主可分摊的土地面积越小，届时房屋重建时每个业主的话语权越少，达成重建方案的成本越高。

关于住宅国有土地使用权期限届满的续期问题，《物权法》第一百四十九条明确规定："住宅建设用地使用权期间届满的，自动续期"。也就是说期限届满自动续期，无需履行任何手续，而且该规定也没有要求自动续期应缴费，有人正是基于这一理由主张根本不应讨论所谓的有偿无偿问题。事实上，自动续期应不应缴费的问题是个立法遗留问题，在《物权法》的制定过程中，当时关于要不要收费、怎么收费的问题就曾引起了非常激烈的讨论。曾经的草案规定自动续期但要按照国务院的规定缴费，但在后来的审议中因对缴费问题有不同意见，最终的立法回避了这个问题。

温州风波出现后，专家也对这一问题展开了激烈争论。从各界的争论来看，主要有无偿论、有偿论和条件成熟再决论三种观点：无偿论者有孙宪忠、房绍坤、崔建远、张千帆、朱广新、苟正金等。主要理由是：（1）住房问题是一个带有社会福利性质的问题。立法者创设住宅建设用地使用权自动续期制度的目的，是为了保障"居者有其屋"的住房人权，使国民安居乐业。（2）《物权法》没有规定有偿，就应无偿。（3）当初购房人已经付出了高昂代价，续期不应再收费。（4）申请续期在权利即将届满时，只要权利人每次皆提出续期申请，非住宅建设用地使用权同样可永远存在下去，无偿取得规则相应地被排除。因此，自动续期制度的独特性主要表现在续期时无须支付出让金上。[①] 有偿论者有叶剑平、楼建波、宋炳华、高圣平、袁志锋等。主要理由是：（1）土地公有制既是原则更是底线，无偿自动续期将造成变相的"土地私有化"。（2）无偿自动续期有违公平正义，使得原本由经济发展和社会投入所带来的城市土地增值流向既得利益群体，这样既不正当，又不道义。（3）无偿续期影响可持续发展，会加剧城市土地资源利用效率低下和土地资源稀缺性之间的矛盾，影响未来城市建设和公共服务资金来源的稳定性，大幅削弱国家对社会的调控能力，可能导致土地资源占有不公长期凝固化的历史格局。（4）无偿自动续期进一步推动房地产投资和投机行为，经济增长对房地产的依赖度越深，其经济金融风险就越大，因而将加剧房地产市场的不稳定性，潜伏经济风险。（5）无偿无期续期阻碍社会进

---

① 朱广新：《论住宅建设用地使用权自动续期及其体系效应》，《法商研究》2012年第2期，第4、11页；苟正金：《论住宅建设用地使用权的自动续期》，《西南民族大学学报（人文社会科学版）》2015年第10期，第91页。

步。有恒产者有恒心只能在一两代人之间有正面激励，再长了会滋生不劳而获、坐享其成心理，于个人乃至整个国家、民族的自立自强并无好处。况且今天中国的贫富差距已接近危险边缘，无偿续期必然推动贫富差距进一步扩大，威胁社会稳定。①当然，有偿论并非不考虑老百姓的基本住房需求，多数提出了较低的续期费用标准。如叶剑平提出，土地使用权续期费用应低于土地重置成本，缴费标准上可以按住房面积和套数进行区间分档，例如，90平方米以下首套住房建设用地可以免交一次续期费用；90~120平方米的首套住房建设用地均可以少交或政府补贴续期费用，120平方米以上的首套住房建设用地和二套及以上住房建设用地则应严格按标准缴纳续期费用。②条件成熟再作决定论者有王利明、邹海林等。王利明教授在2002年（当时《物权法》正在立法过程中）就指出，续期缴费问题关系广大群众切身利益，需要审慎对待，现在住宅建设用地使用权到期的情况还很少，问题还不突出，有必要做进一步深入研究后，再作合理规定。③邹海林教授认为，《物权法》规定的自

---

① 叶剑平、成立：《对土地使用权续期问题的思考》，《中国土地》2016年第5期，第33页；楼建波：《〈物权法〉为何没把自动续期"说透"?》，《中国国土资源报》2015年3月19日；袁志锋：《城市住宅建设用地使用期满自动续期初探》，《中国地质大学学报（社会科学版）》2013年6月增刊，第16页；靳相木、欧阳亦梵：《住宅建设用地自动续期的逻辑变换及方案形成》，《中国土地科学》2016年第2期，第58、62页。

② 叶剑平、成立：《对土地使用权续期问题的思考》，《中国土地》2016年第5期，第33页。

③ 王利明：《物权法研究（下册）》，中国人民大学出版社2002年版，第929—931页。

动续期仅仅改革了既有的土地使用权申请续期制度，没有意图且客观上也不是突破国有土地有偿使用的制度体系，在目前阶段，对于已经到期的住宅用地，最具可操作性的方法是无条件地落实住宅土地使用权的自动续期，并可以不高于住宅土地使用权出让时的条件要求土地使用权人支付土地费用，或许在不久的将来，随着土地使用权期限届满自动续期的案件逐步增多，我们会尝试更多的公平合理的办法来解决土地使用权续期后的土地费用负担的问题。①

2016 年 12 月 8 日，《国土资源部办公厅关于妥善处理少数住宅建设用地使用权到期问题的复函》（以下简称《复函》）发布，《复函》指出：《物权法》第一百四十九条规定："住宅建设用地使用权期间届满的，自动续期"。《中共中央国务院关于完善产权保护制度依法保护产权的意见》（中发〔2016〕28 号）提出，"研究住宅建设用地等土地使用权到期后续期的法律安排，推动形成全社会对公民财产长久受保护的良好和稳定预期"。在尚未对住宅建设用地等土地使用权到期后续期作出法律安排前，少数住宅建设用地使用权期间届满的，可按以下过渡性办法处理：一、不需要提出续期申请。少数住宅建设用地使用权期间届满的，权利人不需要专门提出续期申请。二、不收取费用。市、县国土资源主管部门不收取相关费用。三、正

---

① 邹海林：《住宅土地自动续期是否收费仍待解》，《经济参考报》2016 年 5 月 10 日。

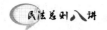

常办理交易和登记手续。此类住房发生交易时，正常办理房地产交易和不动产登记手续，涉及"土地使用期限"仍填写该住宅建设用地使用权的原起始日期和到期日期，并注明："根据《国土资源部办公厅关于妥善处理少数住宅建设用地使用权到期问题的复函》（国土资厅函〔2016〕1712号）办理相关手续"。

需要说明的是，《复函》明确指出："在尚未对住宅建设用地等土地使用权到期后续期作出法律安排前，少数住宅建设用地使用权期间届满的，可按以下过渡性办法处理。"这就意味着：第一，这是一个过渡性办法；第二，该办法仅仅适用于国家对这一问题作出法律安排前的少数住宅建设用地使用权续期；第三，这一问题的最终解决需要法律。

当下，住宅建设用地使用权期限届满自动续期是否缴费问题依然没有定论，这会增加商品房交易的不确定性。不过，《民法总则》已经出台，按照立法计划，民法典将于2020年完成，民法典物权编应该能对这一问题给出答案。

案例二：拆除小区围墙风波

短短一句"已建成的住宅小区和单位大院要逐步打开，实现内部道路公共化"，何以引起如此轩然大波？根源在于对中央新政研读不够、对私有产权保护的信心不够，尤其是对政策与法之关系理解不够。对中央新政研读不够表现在将文件倡导的

"已建成的住宅小区和单位大院要逐步打开，实现内部道路公共化"，误读、甚至曲解为"所有小区院墙要马上推倒"，既忽略了"实现内部道路公共化"的目的限制，也忽视了"逐步"这一"打开"的渐进性限定。对私有产权保护的信心不够表现在认为中央的新政一出，业主的土地使用权、院墙所有权等权利便不再有保障，政府可能仅凭中央文件拆除小区围墙，拿走本属于业主共有的小区道路。对政策与法之关系理解不够表现在将二者简单对立起来，以为有中央一句话，地方政府就可以置现行法律法规于不顾，推倒所有城市小区围墙，并不惜给这一政策贴上"违法违宪"、"摧毁法治信仰"等颇为吸引眼球之大标签。之所以说对中央政策与法律的关系理解不够是主因，是因为如果能够正确看待政策与法律的关系，就不可能出现对一份中央文件如此的误解或曲解，也不可能如此担心私有产权的保护。其实，中共十八大，尤其是十八届四中全会以来，法律和政策的关系越来越清晰，界限越来越清楚。政策可以补法律之不足，也可能引领法律之变革，但不可公然侵占法律的领地，对抗法律的规定，挑战法律的权威。"已建成的住宅小区和单位大院要逐步打开，实现内部道路公共化"作为政策规定，所规定的只是未来改革的方向，也就是为未来如何缓解道路拥堵找了出路、定了基调。各级政府当然不能依据这样一句没有刚性约束力的政策强行推倒成千上万小区的院墙。在《物权法》、《土地管理法》、《城镇国有土地使用权出让和转让暂行条例》

等法律法规（包括地方性法规）对小区道路、院墙的权属，以及收回国有土地使用权有明确规定的情况下，要将中央政策落地，打开已建成封闭住宅小区大门，实现内部道路公共化，必须通过法治方式。所谓法治的方式，就是要在充分尊重业主土地使用权、院墙所有权等权利的基础上，通过市场化的或者法律规定的强制收回国有土地使用权的方式（如果涉及集体土地，还需遵守征收的规定），实现小区内部道路的公共化。也就是说，小区内部道路公共化并非只有强制收回国有土地使用权一种途径，政府完全可以通过与小区业主平等协商的方式，实现其目的。因为小区内部道路的公共化所强调的是"使用"的公共化，而不是"产权"的公共化。只要政府和小区业主能够自愿达成协议，不一定非要通过收回国有土地使用权的方式。

但是，如果小区业主不愿意，政府要强制收回小区道路的国有土地使用权，那就必须遵守限制私人财产权的底线要求：一是目的的正当性——公益性。公共利益既是限制的理由，又是限制的界限。二是形式的正当性——法定性。财产权为基本权利，对其限制应当以法律为之。三是程序的正当性——相互性。相互性原则并非要求限制必须取得被限制者的同意，而是不能排除被限制者的意见对立法和适用法律产生影响。这一原则包括公众参与决策、被限制者参与法律适用程序及可争议性（特别是可诉性）。四是手段的正当性——比例性。比例原则是针对行为目的与手段之间的关系而言的，旨在维持公共利益与财产权之间的公平衡量。这一原则包括三层意思：适宜性，要求手段促使实现期望的结果；必要性，要求手段是必要的；适当性，要求限制的严厉程度，与所追求的目的的重要性、紧迫性程度相当。具体到本争论问题，那就要求必须遵守法律法规的规定，即需满足《物权法》第一百四十八条、《土地管理法》第五十八条规定的"公共利益需要"、"旧城区改建"、"使用期限届满"等条件，并按照《物权法》第一百四十八条、第四十二条，《城镇国有土地使用权出让和转让暂行条例》第四十二条、第四十七条等的规定给予补偿。同时，在收回程序上，也要尊重小区业主的参与权，给予其充分的救济权。考虑到目前这方面的法律规定还不完善，建议借鉴《国有土地上房屋征收与补偿条例》的规定，出台相应的行政法规，以规范公权力，保障私权利，同时给社会以明确预期，减少纷争。

当然，实现小区内部道路公共化的方式不止以上两种。比如，有专家提出可以等到国有土地使用权 70 年期限届满续期时借机打开小区院门，这是个好建议，也是未来可考虑的"逐步"打开的方式之一，但要实现"到 2020 年，城市建成区平均路网密度提高到 8 公里/平方公里，道路面积率达到 15%"的目标，这一方式的作用有限。

最后，需要特别强调的是，中央文件和法律法规关系在理论上的清晰，并不意味着实践一定能够严守理论或制度的条条框框。中共十八大之前，以言代法、以言压法、以中央政策代

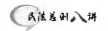

替法律并不鲜见；十八大之后，这种现象明显减少，但仍未绝迹，有的地方政府在法律没有修改或废止，也没有取得突破法律规定授权的情况下，把与法律不一致的政策挺在了法律的前面。正是基于这一原因，我们说有些人对自己的权利可能被文件侵犯的担心不是毫无根据的。也正是在这个意义上，我们特别希望各级政府在贯彻中央文件精神时，一定要处理好政策与法律的关系，认真对待公民权利，用好法律这一治国之重器，以法治方式落实中央政策文件。

案例三：江苏沛县试点土地经营权证

沛县在农村土地"三权分置"改革中之所以走在前面，是与当地耕地规模化经营的快速形成和当地被确定为改革试点分不开的。据了解，2014 年沛县全县新增家庭农场 1102 家，累计达 1350 家；新增农业合作社 135 家，累计达 1825 家；全县累计流转土地达 42.7 万亩，流转占比达 48.33%。

沛县的改革取得了一定成效，值得肯定。成立担保公司和"土地银行"既是地方的创举，也反映出"三权分置"改革所面临的困境；经营权定性不清，其与承包权的关系不明，直接影响了该项权利的价值认定和抵押融资功能的发挥。在沛县的改革中，提供担保的是当地小银行，国有大银行不愿介入本身表明经营权抵押的风险所在和在有关制度不明的背景下，推行"三权分置"改革的困难。"三权分置"所要解决的核心问题就是承包户的收益保障和规模经营主体的稳定经营抵押融资需求之间的妥善平衡，也就是在做稳经营权的同时，如何做实承包户本来可以通过解除合同获得保障的租金收益权。沛县通过政府信用、政府提供保障的方式弥补现行制度设计的不足，从而推动土地流转。但从深化市场经济体制改革，让市场起决定性作用的角度观察，这显然不应是长久之计。解决"三权分置"问题，需要克服的困难还不少。

案例四：芬兰前总理马蒂·万哈宁隐私权案

本案涉及公众人物的隐私权及其限制问题。公共官员、社会知名人士以及那些志愿跻身公众辩论中希望影响舆论的人通常被认为是公众人物。毫无疑问，公众人物也应当对其个人信息、个人活动和个人空间等私域享有隐私权。但公众人物的隐私权涉及与公众监督公众人物的自由权的冲突，因此，公众人物的隐私权受到一定程度的限制。从现代各国的立法和实践来看，对公众人物的隐私权进行限制是没有争论的，也就是说，为了保证公众更好地监督、批评公众人物，促使其更好地履行职责，当公众人物的隐私权与公众的批评监督权发生冲突时，要对公众人物的隐私权进行克减。但问题并不是那么简单，对公众人物的隐私权利的这种限制没有限度吗？是否可以为了多数人很小的公共利益而让公众人物付出过分的代价？法律及其实践就是要在这二者之间找到平衡。从各国的具体实践来看，基

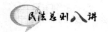

本的判断标准有两个：一是公开利益的有无及大小；二是泄露他人隐私之人是否有"恶意"。

就本案而言，万哈宁总理毫无疑问是公众人物，其在婚姻结束后与女友亲密交往也无可非议。二人的私生活信息属于他们的共同隐私，双方都有未经对方同意不得向外泄露的义务。鲁苏宁在万哈宁提出分手后，出于报复目的公开二人的私生活信息，其不当性主要表现在以下几个方面：一是二人车内约会、万哈宁洗桑拿等发生在工作时间之余，也就是我们平常说的"八小时之外"，且并不出格，属正常范围。同时，这些信息对于个人而言属于敏感信息范畴，与公共利益似乎关系不大。也就是说，一方面对万哈宁本人非常重要，另一方面对公共利益关系不大。两者相较而言，应当保护隐私权。尤其是，鲁苏宁公开万哈宁个人信息或他们二人的共同信息，完全出于"报复"目的，因此主观"恶意"明显。综合以上因素，二审法院判决鲁苏宁承担法律责任是合理的。至于出版商的责任问题，实际上涉及传播者的责任问题。在鲁苏宁决定公开万哈宁隐私信息的时候，出版商是完全有能力审查并决定是否传播隐私信息的。也就是说，课予鲁苏宁和出版商法律责任，是因为他们是万哈宁隐私利益的最佳控制者。

第六讲

我的权利我做主——民事法律行为

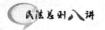

法律名言

不自由，毋宁死。

——［美］**帕特里克·亨利**

生命诚可贵，爱情价更高，若为自由故，二者皆可抛。

——［匈牙利］**裴多菲**

只要不违反公正的法律，那么人人都有完全的自由以自己的方式追求自己的利益。

——［英］**亚当·斯密**

个人的自由以不侵犯他人的自由为自由。

——［英］**穆勒**

有理智的人在一般法律体系中生活比在无拘无束的孤独中更为自由。

——［荷］**斯宾诺莎**

每个人理所当然地应当成为自己的主人，这是他们天生的权利。

——［德］**康德**

要点提示

● 民事法律行为是整个民法中最为重要的，但也是最为抽象难懂的制度。

● 买卖合同、租赁合同、遗嘱、结婚、借款合同等日常所实施的目的在于产生一定权利和义务关系的意思表示行为其实都是民事法律行为。

● 判断一项民事法律行为是否有效，关键看三点：一是行为人是否具有相应的民事行为能力；二是意思表示是否真实；三是是否违反法律、行政法规的强制性规定或者违背公序良俗。这三点也是行为人从事法律行为、订立合同时应当特别关注的三个重要方面。

● 在特定情况下，行为人所订立的合同或从事的其他法律行为是可以反悔的，这在民法上称之为可撤销的法律行为，具体而言包括：被欺骗的情形下订立的合同、被胁迫的情形下订立的合同、基于重大误解所订立的合同、所订立的合同显失公平等四种情形。

● 对于市场主体来说，一个法律行为（合同、协议、遗嘱）是否有约束力是至关重要的，无效的法律行为主要包括：串通虚假的法律行为、违法的法律行为、违反了公序良俗的法律行为、恶意串通损害他人利益的法律行为。

● 法律行为被撤销或被法院、仲裁机构认定无效的，只意味着不能发生当事人当初预期的法律后果，而不是不发生任何法律后果。恢复原状、赔偿损失等是该种情形常见的法律后果。

讨论案例

案例一：小明今年六岁，喜欢打游戏，但父母管束颇严，一直不给他买游戏机。过年时小明收到 2000 元压岁钱，就用自己的压岁钱去商店买了一台游戏机。小明的父母认为小明乱花钱，想将游戏机退给商店。

思考问题

小明的父母可以找商店退钱？

案例二：小赵是一个大学毕业生，大学毕业后在北京找了一份工作，每天工作加班加点，经过 10 年的奋斗终于攒了 50 万元的储蓄，他的父母和其他亲戚也为他凑了 50 万元钱，现在准备用来做首付购买一套二手房。购买以后就可以和自己心爱的女朋友刘美丽结婚了。于是就到处看房，终于看上了一套两居室的房子，售价 400 万元。于是便在中介公司的见证下，双方口头约定该房屋以 400 万元的价格成交，10 天后签订正式书面合同。结果 10 天后房主李某要求加价 20 万，否则不卖了，小赵不愿意加钱，于是双方谈崩了。小赵认为双方已经定了买卖合同，李某反悔就是违约应当承担违约责任，于是将李某告到法院，要求李某承担违约责任，赔偿其损失。

思考问题

小赵的诉讼请求能站得住脚吗？

案例三：郝某与陈某系高中同学，可谓青梅竹马。2000 年双方终于步入婚礼的殿堂。由于双方均懂法律，并且属于成功人士，而且观念非常现代。于是在举行婚礼之前双方在同学李某和邓某的见证下约定婚后实行分别财产制：即此前双方所购买的以双方名义所登记的住房归女方陈某一人所有，双方的收入归各自所有。后来郝某做生意和好朋友王某借款达 500 余万元不能清偿，王某将郝某与陈某起诉至法院，要求二人共同偿还债务，若不能清偿则应当拍卖登记在二人名下的住房用来偿还。陈某在诉讼中主张郝某借钱是其个人债务与自己无关，而房屋是陈某个人所有也与郝某无关，故自己无须承担任何还款的责任，更不能拍卖其个人单独所有的住房。

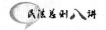

思考问题

法院应当如何处理?

案例四:张某与李某是夫妻,但婚后感情破裂。张某一直在外打工,其间认识王某,后与王某同居。张某死时立下遗嘱,将自己的个人财产全部赠送给王某。李某不服,诉至法院,请求确认该遗嘱无效。

思考问题

张某的遗嘱有效吗?

案例五:夷陵之战后,刘备暂居白帝城。后感其时日无多,遂召见诸葛亮。诸葛亮来到刘备床前,刘备挥退左右,与诸葛亮密语:君才十倍于曹丕,必能安国,终定大事。若嗣子可辅,辅之。若其不才,君可自取。

思考问题

若刘备托孤于现代,这一行为有效吗?

案例六:某公司"公关部"经常邀请官员甲去某会所进行娱乐活动,其间拍摄到了官员甲与会所员工乙女士约会的照片。该公司法定代表人丙认为有机可乘,遂找到官员甲,将照片出示给官员甲，要求甲某以 100 万元的价格将其价值 300 万元的一套别墅低价卖给他，否则他就将照片转交给纪委。官员甲无奈只得与其签订了房屋买卖合同。后甲仍然东窗事发。

思考问题

甲是否可以撤销该买卖合同？

案例七：甲公司在乙社区组织了名为"关爱社区老人，拥抱绿色健康"的宣讲会。由于该宣讲会只要参加就送洗衣粉，引得乙社区的众多老人纷纷参加。宣讲会中，该公司为老人们免费进行了所谓"癌症筛查"，并向"不幸"被检查出"癌症"的老人推销其名下的抗癌神药"癌克星"。老人丙由于被检查出"到了肺癌晚期"，遂向该公司订购了 5 个疗程的"癌克星"。后来，老人儿子丁发现该公司进行的"癌症筛查"只是测血型，而"癌克星"只是保健品，遂要求退药。

思考问题

老人是否可以要求退货，并要回其所支付的全部价款？

案例八：村民甲有一个六岁的儿子乙。一日乙在河中玩耍，不幸溺亡。由于该河水深浪急，寻常人无法打捞乙的尸体，因此村民甲找到了专门从事尸体打捞的丙。丙向甲开价 1.8 万元，并要求先交钱后交"人"，否则就让尸体泡在水中。甲生活困苦，无力负担该费用，四处借债后，终于在乙"头七"前凑得该款。丙拿到钱后也如约捞到了"人"。据查，打捞的实际成本不超过 1000 元，一般情况下也只收费 1000 元左右。

思考问题

甲是否可以要求丙退还其所支付的过高的打捞费？

案例九：春秋时代，楚国有一卖珠宝的商人，有一次他到齐国去兜售珠宝，为了珠宝畅销起见，特地用名贵的木料雕成盒子，用以盛放珠宝。有一个郑国人，看见装珠宝的盒子既精致又美观，问明了价钱后，就买了一个，打开盒子，把里面的宝物拿出来，退还给珠宝商。

思考问题

假设该盒子确实为稀世奇珍，而珠宝反倒不值钱。假如买椟还珠的故事发生于今天，珠宝商该如何要回盒子呢？

主要内容

一、合同是什么——民事法律行为的概念

（一）究竟什么是民事法律行为

《民法总则》第六章专门用一章，共计有 28 个条文（第 133 条—160 条）规定民事法律行为，可见其非常的重要。但是究竟什么是民事法律行为呢？合同是什么？合同和法律行为是什么关系？遗嘱也是法律行为？结婚也是法律行为？

我们在日常生活中实施着大量的与民法有关的各种各样的民事活动，通常这些活动不发生纠纷，大家也就想不到它们在法律上的意义和价值，就像我们每天呼吸着空气但我们却感觉不到它一样。然而一旦发生纠纷，需要诉诸法院加以解决的时候我们就得研究一番所实施的这些活动在法律上到底是什么性质？属于哪个法律领域？法律对它们是怎么规定的？将会有什么样的后果等一系列问题。这些问题通常都很复杂，因此也属于一个专业领域，那就是法学。就像我们每个人都会生病，我们也知道一些头疼脑热的小病的病灶与治疗方法，但是多数情形下疾病的诊断和治疗还是要找专业的医生，否则可能会出现延误治疗而人财两空的后果，其实法律也是这样的，当发生了较大的纠纷以后还是尽量交由专业的法律人士来处理，否则也会发生人财两空的后果。

让我们来看看我们日常所实施的这些行为吧：（1）购买住房，签订住房合同。（2）购买汽车，签订汽车买卖合同。（3）装修房

屋，与装修的工人谈判达成协议。（4）购买空调、电视、洗衣机、冰箱、抽油烟机等家用电器。（5）找到心仪的对象后结婚。（6）找工作与单位签订聘任合同、劳动合同等。（7）上下班打车、坐公交、出差乘坐各种交通工具购买机票、车票等。（8）休息度假时旅游和旅游公司签订协议，住宾馆和宾馆之间的约定等。（9）日常生活中为了吃喝拉撒而到超市或者在路边小店，或者是商场，或者是网上购物的行为。（10）死亡的时候立个遗嘱将自己的财产遗留给自己最爱的和最关心的人，或者自己的亲人去世之前立了遗嘱没有给自己留财产或者留给了自己而其他人不服气。（11）对于一些人还可能会经历离婚，那么双方可能会通过磋商形成一个离婚协议，包括孩子的扶养问题、财产归属问题。（12）我们要到银行去存款，所以和银行会有存款协议等。（13）可能会去炒股买卖股票。（14）可能为自己也可能为家人购买各种保险，签订保险合同。（15）可能与他人合伙做生意，去开办各种企业，然后签订各种合作协议。（16）作为农民和本集体签订承包经营合同，承包土地进行经营活动。（17）可能会有人向你借钱，你也可能由于急需而向别人借钱，可能约定有利息也可能约定不付利息等。（18）在微信群里发红包，发给某人一个专包，结果被其他人抢了。

这些行为几乎涵盖了我们日常生活中的方方面面，形形色色，有不同的目的和功能，但是在法律看来他们都有共同的地方，因此也能够有共同的法律规则，于是就把他们集中起来概括在一个概念下：民事法律行为。那么什么是民事法律行为呢？它们都有哪些共同规则呢？它们又可以怎样进行分类呢？

其实前面所列举的所有大家都会从事的日常行为，在我们民法里都属于民事法律行为。我们认真分析后就会发现，上述 18 种行为，虽然表面上各不相同但是却具有下列三方面的共同性，正是这三方面的共同特性决定了它们都属于民事法律行为：

第一，这些行为实际上都能够在当事人之间引起民事权利义务关系的发生、变更或者消灭。尽管基于法律行为特别是契约行为，当事人之间产生了权利和义务关系，但是作为法律行为的意思表示行为并非法律规范，而是法律事实，是意思表示行为适用法律规范的结果。正如张俊浩所言，"法律行为的效果究竟是法律规定的，还是意思表示规定的？本书以为，法律行为之所以能依其意思表示发生效力，这是法律规定的。然而法律仅规定了此项原则，至于具体的法律行为其效果如何，却依意思表示来规定。可见，法律与意思表示，合作地规定了法律行为的效果。"①

第二，上述这些行为实际上都是当事人的意思表示行为。一项法律行为可以是由一个意思表示行为所构成，例如抛弃所有权的行为、立遗嘱的行为、解除合同的行为等。但是绝大多数的法律行为都是由两个或两个以上内容一致的意思表示共同构成，如买卖合同行为是由出卖人出卖标的物的意思表示和买受人购买标的物的意思表示的一致构成；再例如结婚行为是由男女双方相互同意和对方成为夫妻的意思表示一致所构成。

---

① 张俊浩主编：《民法学原理》（上册），中国政法大学出版社 2000 年版，第224 页。

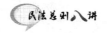

第三，上述行为所引起的具体法律效果实际上是由当事人的意思表示所决定的。作为法律事实的法律行为产生怎样的法律后果，取决于行为人所表达出来的意思。法律行为与事实行为都能够引起法律关系发生、变更和消灭的后果，但是两者的根本不同就在于法律后果是否是由行为人的意思所决定。对于事实行为，究竟引起何种法律关系的发生、变更还是消灭不是取决于当事人所表达的效果意思，而是由法律直接赋予其一个法律后果。而对于法律行为，其所引起的具体法律效果之所以能够系于行为人所表达的意思，乃是基于私法自治原则，私法允许当事人通过自由的意思安排自己的私人生活，当然法律对于意思自治亦设有一定的界限，若当事人的意思表示逾越了法律规定的界限则不能再发生预设的效力。

具备上述三方面共同特征的行为，在民法上就被叫作民事法律行为。《民法总则》第一百三十三条规定了民事法律行为的定义，即：民事法律行为是民事主体通过意思表示设立、变更、终止民事法律关系的行为。

二、如何订立合同或实施其他法律行为

（一）单方行为、双方行为与多方行为的实施方式是不同的

基于参与法律行为的当事人的多少，法律行为可以分为单方行为、双方行为和多方行为（又称为"共同行为"）。不同的法律行为在实施时有所不同。

174

1. 单方行为

单方行为指由一方当事人的意思表示而构成的法律行为。如抛弃所有权的行为、免除债务人债务的行为、遗嘱行为、捐助财产并设立财团法人的行为等；另外，所有行使形成权的行为都是单方行为，如撤销可撤销合同的行为、行使解除权而解除合同的行为、行使抵销权而使双方的债权债务消灭的行为等。单方法律行为是只需要一个当事人实施就行，不需要和其他人达成协议，如立遗嘱，只要自己把自己的意愿通过书面等方式表达出来就可以了，根本不需要经任何人同意。

2. 双方行为

双方行为又被称为契约行为，指由双方当事人的相反的意思表示一致而构成的法律行为，也就是我们通常所说的需要双方达成协议。以下均属于双方行为：买卖合同、赠与合同、借款合同、租赁合同等合同法上所有的合同；土地承包经营合同、建设用地使用权出让合同、地役权设定合同、抵押合同、质押合同等物权法上规定的合同；股权转让协议、保险合同等商法上规定的多数法律行为等；结婚、离婚协议、收养协议、遗赠抚养协议等婚姻法与继承法中的协议行为等。可见，法律行为中绝大多数为双方行为，或者可以说能够在当事人之间引起法律关系的发生、变更或者消灭的法律行为原则上应当是双方行为，这被称之为"契约原则"。因为一个法律关系一般都涉及两方当事人即权利人和义务人，对于复杂的法律关系，则双方当事人之间互相享有权利和负担义务，因此根据意思自治原则，被涉及的双方当事人必须均对此表示同意，才能发生

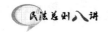

效力，否则即有违意思自治。也正因为如此，许多国家并没有法律行为理论，法律行为只在合同法中规定。

3. 多方行为

多方行为也称共同行为，通常认为共同民事法律行为是多数当事人（包括双方当事人在内）平行的意思表示一致而成立的法律行为。多方行为主要有：合伙协议、设立公司等法人的行为（包括签订法人章程的行为）。多方行为和双方行为都是双方当事人的意思表示一致而成立，但是双方当事人所表示的意思是相反的，如在买卖合同中一方是买的意思而另一方则是卖的意思；而在多方行为中，双方所表示的意思是平行的一致，如两个人订立合伙协议，各方均表示愿意出资、表示愿意和他人共同经营、表示共担风险等，其意思完全向着一个方向而一致。

（二）合同必须是书面形式吗

依据是否必须具备特定形式，法律行为分为要式行为和不要式行为。要式法律行为指应当采用某种特定形式实施的民事法律行为，包括法定要式行为和约定要式行为。所谓法定要式行为是指法律规定当事人必须以某种方式实施的法律行为，否则法律行为不能成立或者生效。所谓约定要式行为则是指虽然法律没有规定，但是双方当事人约定应当以特定的形式实施法律行为，否则法律行为不成立或者不生效。不要式行为则是指法律没有规定，当事人也没有约定必须采用某种特定形式，因此当事人采用任何一种形式都可以成立的民事法律行为。

基于私法自治原则，法律以不要式为原则，以要式为例外，因此只要法律没有规定为要式的法律行为即为不要式行为。我国法律上的要式行为主要有如下几类：（1）身份行为或者与身份相关的行为，包括结婚行为、离婚行为、收养子女的行为、遗嘱行为等。（2）以变动不动产物权为内容的法律行为，包括房屋买卖合同、土地承包经营合同、建设用地使用权出让合同与转让合同、设定地役权的合同等。（3）各类担保合同行为，包括抵押合同、质押合同、定金合同、保证合同。（4）《合同法》所规定的几类要式合同。一方是银行的借款合同、融资租赁合同、建设工程承包合同、技术转让合同和技术开发合同。

（三）意思表示的实施

1. 意思表示的类型

依据意思表示是否需要向相对人实施，可将意思表示划分为有相对人的意思表示和无相对人的意思表示。有相对人的意思表示，即表意人必须向相对人进行意思表示，并且意思表示要达到相对人才能发生法律效力；而无相对人的意思表示是不需要向其他人进行的意思表示，只要表意人完成意思表示，就发生法律效力。绝大多数意思表示都是有相对人的意思表示，因为意思表示就是为了让某个人或某些人了解表意人的意思，若不向相对人进行表示，那么他人就无法了解其意思。例如订立合同的要约是有相对人的意思表示，承诺的意思表示也是有相对人的意思表示。再比如，免除债务人债务的意思表示也是有相对人的意思表示，必须向债务人发出意思表示。当然也有些意思表示是无相对人的意思表示，不需要向任何人进行表示。例如抛弃所有权的意思表示，立遗嘱的意思表示等

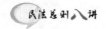

都是无相对人的意思表示。当然大家一定要注意，无相对人的意思表示也是意思表示，也必须将想要发生一定效果的意思表示出来，若没有表示出来，仅仅存在内心还不构成意思表示，是不能发生法律效力的。

有相对人的意思表示还可以依据表示和对表示的受领是否同时这一标准，进一步划分为对话的意思表示和非对话的意思表示。前者是意思表示人完成表示的同时，相对人就收到了该表示，例如面对面的交流或者通过打电话的方式都属于对话的意思表示。后者是意思表示人发出意思和相对人收到该表示之间有一定的时间差，例如通过书信发出要约或承诺就属于非对话的意思表示，同样电报、电传、电子文件都属于非对话的意思表示。

2. 意思表示的生效

依照《民法总则》第一百三十八条，无相对人的意思表示在意思表示完成时发生效力；而依据第一百三十九条，对不特定多数人的意思表示系自公告发布时发生法律效力，其实也即意思表示完成时发生效力。

对于对话的意思表示，在其被相对人了解时发生效力；而对于非对话的意思表示则在到达对方时发生效力。那么对于一项非对话的意思表示究竟何时可以认定为到达呢？我们认为一项表示的到达须具备两方面的条件，一方面是该项意思表示已经到达了受领人的控制领域，即受领人已经可以通过自己的行为而获知该意思表示的内容；另一方面是受领人具备了可以获知该表示的具体内容的现实可能性。如果一项意思表示已经进入到受领人的信箱，从而受领人可以打开邮箱取出该封信件并予以约定，即满足第一项条件；但是该信件是在半夜到达的或者是在星期六到达的，作为受领人的公司不营业，因而不可能去约定，那么就没有满足第二项条件，只有第二天或者星期一公司开始营业时才具备了第二项条件。如果已经具备了这两项条件，那么意思表示即为到达，至于因为受领人自身的原因没有阅读从而未能及时知悉意思表示的内容并不影响该意思表示的成立。①

以上是针对传统的书面等方式所实施的意思表示的生效。针对当事人以数据电文方式所实施的意思表示，依据《民法总则》第一百三十七条第二款第二段的规定，其意思表示的生效时间应当以如下方法确定：（1）约定优先规则。基于意思自治原则，当事人可以约定以数据电文方式实施意思表示的生效时间，若有约定的则依其约定。（2）指定系统优先规则。即相对人指定特定系统接收数据电文的，该数据电文进入该特定系统时生效。（3）相对人知情规则。若相对人未指定特定系统的，相对人知道或者应当知道该数据电文进入其系统时生效。

3. 意思表示的撤回

所谓意思表示的撤回，是指在意思表示生效之前，表意人取消其意思表示的意思表示。意思表示的撤回可以被理解为在意思表示生效之前的反悔，一般而言意思表示还没有生效，当然应当允许当事人反悔。撤回也是一项意思表示，不过该项意思表示的目的在于

① 席志国：《中国民法总论》，中国政法大学出版社 2013 年版，第 285 页。

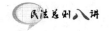

取消其之前所发出的意思表示，因而也适用意思表示的有关规定。表意人在发出意思表示之后，即后悔其意思表示，因而想要反悔的现象也经常发生，若在该意思表示成立之前尚可予以取消，由于此时并不涉及相对人利益的保护，基于自决原则当然应当允许。因此意思表示的撤回必须在该意思表示生效之前进行，若意思表示生效的则不能再行撤回。

意思表示生效后，当事人再取消该意思表示的则属于意思表示的撤销，意思表示的撤销是否允许则须看该意思表示是否已经作为法律行为而发生法律效力，若已经作为法律行为发生了法律效力，那么除非表意人有撤销权之外即不得再行撤销，而若尚未成为法律行为的，是否能够撤销则取决于不同的立法例和具体的情形（参见《合同法》第十八条和第十九条）。

无相对人的意思表示和有相对人的意思表示中对话的意思表示均在表意人完成表示后即发生效力，因此不存在意思表示的撤回问题。在非对话的意思表示中，撤回意思表示的新的意思表示必须要比被撤回的意思表示先到达，或者至少是同时到达，否则因为原意思表示已经发生效力即不存在撤回的问题了。由于我国在意思表示的生效上采取的是到达主义而非了解主义，所以无论相对人是否阅读撤回的通知以及何时阅读均不影响其撤回的效力。

（四）法律行为的成立

1. 什么是法律行为的成立

通常法律行为成立与生效是同时发生的，也就是说法律行为的成立之时也就是法律行为的生效之时。然而也存在已经成立但却尚未生效的法律行为。法律行为成立但尚未生效的情形分为两种：一种是因为法律规定的生效要件还没有具备。另一种情形则是基于当事人的意思表示，如当事人约定了附停止条件（也叫生效条件）的法律行为与附始期的法律行为。

基于法律规定，已经成立但尚未生效的情形，主要可以分为三种情形：（1）效力未定的法律行为。此种法律行为只有经过追认权人追认才能发生效力。如限制行为能力人未经其法定代理人的允许而实施的双务有偿契约行为，在其法定代理人追认之前虽然已经成立但未生效。（2）无效的法律行为。此种法律行为虽然成立，但由于欠缺了法律行为的根本性生效要件则自始、确定、当然地成为无效法律行为。（3）特别法规定了需要登记、批准等特别生效要件的，那么需要具备此等特别生效要件时法律行为才能生效。例如根据继承法的规定，遗嘱只有在被继承人死亡时才发生效力。由此可见法律行为的成立与生效并不相同，法律行为成立与否取决于在事实层面上是否存在着一个被称作为法律行为的社会实在，而法律行为生效与否则是法律对于已经存在着的"法律行为"所作出的法律评价，若已成立的法律行为已完全具备生效要件，则法律给予其以积极的评价使其成为完全法律行为，否则法律便给予其消极的评价，或者使其成为无效的法律行为，或者使其成为效力未定的法律行为。

2. 法律行为成立需要具备的条件

法律行为从具备全部成立要件时即成立。而法律行为的成立要件有一般成立要件与特别成立要件之分。①

所谓一般成立要件是指任何法律行为的成立必须具备的要件。依据通说，法律行为的一般成立要件有三，即当事人、意思表示以及标的。

首先，法律行为是民事主体的意思表示，所以法律行为的成立首先要有民事主体来实施意思表示。在民法上的当事人主要有两种，一种是自然人，另一种是法人及其他组织。自然人自己能够实施意思表示，而法人或者其他组织则必须由有权代表法人或其他组织的自然人来代表法人或其他组织实施意思表示。

其次，民事法律行为的核心因素是意思表示，所以法律行为成立的核心要件也是意思表示。法律行为作为法律事实的一种，首先是一个客观存在的事实，而这一事实无疑是当事人的意思表示行为。双方法律行为或者多方法律行为的成立除了需要有意思表示外，还需要当事人的意思表示达成一致，否则法律行为也不能成立。这一点在合同（合同是最为重要的双方法律行为）上表现得最为明显，合同的成立需要双方当事人通过要约和承诺的方式意思表示一致。

第三，意思表示的标的须具体、确定。首先需说明的是"标的"这一概念在法律中的不同含义，有时它与权利义务的客体是同义语，主要是在物权法中，例如说所有权的标的就是所有权的客体。而有时则又指法律关系所涉及的事物，而该事物本身还不是法

———————————
① 席志国：《中国民法总论》，中国政法大学出版社2013年版，第269—272页。

律关系的客体，这主要是在债法中。债权债务关系之客体依通说系指债务人的履行行为而言，例如甲和乙订立买卖合同甲将电脑一台卖给乙，合同签订后乙有权请求甲交付电脑，我们说乙对甲拥有一项债权，此时债权的客体是甲的交付行为而不是电脑，而所交付的电脑就被称之为标的物。法律行为的标的则是指法律行为或者说是当事人的意思表示的内容。

作为法律行为之要素的意思表示是无法和标的相分离的，没有内容的意思表示是不存在的。换言之，所谓意思表示一定是针对某种权利义务的发生、变更或者消灭而进行的意思表示，而该特定的权利义务关系的发生、变更和消灭就是意思表示的表达。例如甲实施抛弃其手机的所有权的法律行为，则"抛弃手机所有权"即属于意思表示的表达；再比如乙立一遗嘱，其中指定自己死亡后其现金 5 万元归长子丙所有，那么"乙死后现金 5 万元所有权转移给丙"即属于该法律行为的标的。

法律行为的标的须具体、确定，也就是说当事人的意思表示必须是针对具体的权利义务关系而表示，根据当事人的意思表示，可以具体地确定当事人之间的权利义务关系的变动，否则法律行为无法发生效力。而如果是双方或多方法律行为，则各方当事人所表达的意思须就具体、确定的标的达成一致。因为如果法律行为的内容不具体、不确定，法律若使它有效也根本不能实现其内容。例如甲和乙达成协议说是买卖大米，但是根本没有约定买多少，那么该约定是无法发生效力的。再例如丙和丁达成租赁协议但是根本没有约定租赁什么，也根本无法发生效力。

以上介绍的是法律行为的一般成立要件。此外，某些个别法律行为的成立还需在一般要件外，具备其他一些要件。（1）要式行为必须具备法律规定的法定方式，否则不能成立。例如依据《合同法》的规定，建设工程承包合同必须以书面形式签订，否则不成立。（2）实践行为必须交付标的物否则不成立。例如自然人借款合同，必须交付所借的金钱，合同才能成立进而生效。

（五）法律行为的生效

《民法总则》第一百四十三条从正面规定了法律行为的一般生效要件。所谓法律行为生效的一般要件是指一切法律行为生效都必须具备的条件，包括：

1. 当事人必须具有相应的民事行为能力

行为能力是实施法律行为的基本前提条件，没有行为能力，无法为适格的意思表示，当然也就无法使其按照意思表示发生相应的效果。完全行为能力人能够独立实施任何法律行为；限制行为能力人实施与其年龄和认知能力相适应的或者纯获法律上利益的法律行为。

2. 当事人表示的意思必须是自己真实的意思

所谓意思表示真实，也就是意思表示没有瑕疵。即当事人所表达的意思是当事人在没有受到他人不正当影响的情形下自由形成（所谓意思表示真实），而且没有发生认识和表达上的错误而完成的意思表示。换言之，意思表示必须不存在欺诈、胁迫、乘人之危、重大误解、虚假表示等具体瑕疵。

3. 当事人实施的法律行为不违法也不违反公序良俗

该要件是法律对法律行为内容上的控制。分别阐述如下：（1）须法律行为的内容合法。所谓合法就是指不违反法律上的禁止性规定。法律行为的内容如果违反了法律的禁止性规定则无效。关于法律上的禁止性规定有的规定在民法中，而更多的则规定在民事特别法中，这是基于某种政策或者价值判断对某些类型的行为加以禁止。因此，掌握这一规定必须结合特别法的规定。（2）须法律行为的内容妥当。所谓法律行为的内容妥当是指法律行为的内容不违反公共利益和善良风俗。法律行为如果违反了公共利益和善良风俗就是无效的。

一般认为所谓"公共利益和善良风俗"是道德的法律化，即通过这个条款的规定，法院可以将社会生活中通行的道德观念纳入到法律中，用来控制法律行为的效力。但是也不能通过该规定，泛泛地将一切道德观念都引入法律中，如果是这样必将使法律和道德无法分开，从而有违法治的基本原则。这里能够用来作为"公共利益和善良风俗"，进而对法律行为的效力加以控制的道德必须是下列两种道德之一：其一是已经被纳入法律秩序中的基本道德，也就是说，我国现行的法律秩序对于这种道德加以认可并已经通过某些法律规定加以具体化，从而通过对具体法律规范的研究可以找出这些法律伦理。另一种可以作为善良风俗加以适用的伦理道德，应当是在一个社会中占有统治地位的伦理道德，或者说是一个社会所应当遵循的某些最基本的、为大多数人所共同认可的道德标准。

一个已经成立的法律行为若全部具备上述的生效要件，即可发

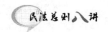

生法律效力，但是若不具备上述要件也不必然绝对无效，因为法律行为的效力构建上并非采取有效和无效这样绝对的二分法，相反其尚承认相对无效的法律行为。相对无效又进一步区分为可撤销与效力待定两种情形。此外，有些有效法律行为尚需具备特殊的生效要件，如遗嘱尚需具备立遗嘱人死亡等才能生效。

三、订立合同后是否能够反悔——可撤销的法律行为

如前所述，以合同为代表的法律行为对实施该行为的当事人有约束力，当事人不能再反悔，否则就得承担违约责任等。但是有一些情形法律则赋予了一方当事人反悔的权利，这个反悔的权利就叫作撤销权。那么哪些情形当事人能反悔呢？

（一）在重大误解的情形下实施的法律行为能反悔

《民法总则》第一百四十七条规定："基于重大误解实施的民事法律行为，行为人有权请求人民法院或者仲裁机构予以撤销。""重大误解"是我国《民法通则》所创造的一个法律概念，后来被《合同法》所沿袭，此次《民法总则》仍然予以沿用，而未如学说上所主张的那样，以"错误"来进行替换。尽管我国立法上一直使用"重大误解"，但是学说上和实践中一致将重大误解解释为"错误"，即错误的意思表示是可以撤销的意思表示。关于错误，又可以区分为表示错误和动机错误，只有表示错误才导致意思表示可撤销，动机错误不影响意思表示的效力。[①] 所谓表示错误是指表

---

① 参见席志国：《中国民法总论》，中国政法大学出版社 2013 年版，第 286 页以下。

意人所表示的客观的意思与其主观所预想的效果意思不一致的错误情形。表示错误又可以区分为如下几种情形：

1. 表示含义理解错误

表意人选择了错误的表达方式从而所表达的客观意思与表意人主观的效果意思不相一致，因而，相对人所理解的意思与表意人所欲表达的意思不一致。需要说明的是，该种错误存在的前提是"意思表示须以客观的方式予以解释"，即以相对人根据表示的客观意义予以理解的含义为表示的含义，否则即不可能发生该种表示错误。例如甲某欲以每吨1000元的价格出售给乙某马铃薯1000吨，因为甲某当地的语言中将马铃薯称为山药，于是甲某给乙某发出了以每吨1000元的价格出售1000吨山药的书面意思表示（要约），乙某以为甲某出售给其的另一种山药即表示接受（予以承诺），双方签订了书面合同。后发现双方所用的词语"山药"不是指的同一种东西，此时即发生了表示含义理解的错误。但是需要注意的是，若双方均误以为"山药"就是马铃薯，那么即便双方的用语发生了错误也不影响该合同的效力，即双方成立了以购买1000吨马铃薯的合同。对此，德国法院发展出"错误的表示不生影响"的原则。[1] "如果表意人和受领人都在同样的意义上理解表示的，那么，即使该意义不同于表示的一般意义，我们即无须对表示作出规范性解释，表意人也不得因表示错误撤销表示。"[2]

---

[1] 德国《帝国最高法院民事裁判集》第99卷，第147页。

[2] ［德］卡尔·拉伦茨（Karl Larentz）：《德国民法通论》（下册），王晓晔、邵建东等译，法律出版社2003年版，第505页。

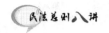

2. 表示手段错误

表意人选择使用了其没有打算使用的表示手段，从而使其客观所表示出来的意思与其主观所预设的意思不一致。最为通常的就是说错了话或者书写错误，例如某人欲以 10000 元人民币出售其宠物狗，但是却在其出售的要约中书写成了 1000 元人民币，即少写了一个 0，对方当事人则只能在 1000 元的意义上承诺该要约而与之签订买卖合同。此时对出卖人而言即发生了表示错误。

3. 传达错误

意思表示系由中间人，如传达人或邮局的电报、电传等传达，传达人将表意人的意思传达错误，即没有将表意人交给传达人或邮局的表示原样传达给相对人。例如甲某通过拍电报给乙某表示愿意以每吨 500 元的价格购买乙某的热量为 5000 卡的煤炭 10 万吨，但是由于邮局的错误，邮局所拍发的电报将 500 元错写成了 600 元。无论传达人传达错误是传达人故意所为，还是因为传达人的疏忽大意所致，都构成表示错误。

（二）被欺骗的情形下实施的法律行为能反悔

《民法总则》第一百四十八条规定："一方以欺诈手段，使对方在违背真实意思的情况下实施的民事法律行为，受欺诈方有权请求人民法院或者仲裁机构予以撤销。"第一百四十九条规定："第三人实施欺诈行为，使一方在违背真实意思的情况下实施的民事法律行为，对方知道或者应当知道该欺诈行为的，受欺诈方有权请求人民法院或者仲裁机构予以撤销。"从这两条规定，我们可以看出如果是被对方当事人或者第三人欺骗的情况下订立的合同，以及实施的其他法律行为是可以撤销的，也就是说是可以反悔的。不过依据前述规定，诉请法院撤销合同或者其他法律行为需要证明符合下列条件：

1. 须有欺诈行为

欺诈行为是指以使人发生认识上的错误为目的，而故意做出的与事实不相符的陈述或者负有告知义务而故意不告知的事实。欺诈行为，既然是行为，必须是人的有意识的动静举止，从而应以行为人有意思能力为必要，因此无意识或处于精神错乱中的人所为的行为，即使与事实不符，亦不得认其为欺诈行为。积极地捏造虚伪事实或变造事实得构成欺诈，自不待言。但单纯沉默是否构成欺诈，学说上则有不同立场。有认为此时不构成欺诈，仅在违反义务时负担损害赔偿责任；有认为，如果在法律上、契约上、交易习惯上或依诚实信用原则有告知事实的义务，则此沉默可构成欺诈。但若依各种情形判断，并无告知的义务，虽利用他人的不知或错误，亦不构成此处所谓欺诈。第二种学说为通说，笔者亦主张司法实务应采第二种学说，因为该种学说更加符合意思自治原则。

关于欺诈行为人是否限于意思表示的相对人，我国法律欠缺明文的规定，应当属于法律漏洞。对此，应当衡量双方当事人的利益，并参照比较法的做法予以填补。对此，我国台湾地区适用的民国时期《民法典》第92条可资参考，依据该条规定"诈欺系由第三人所为者，以相对人明知其事实或可得而知者为限，始得撤销之。"德国法律对此亦无明文规定，但是司法实务上则认为"如果欺诈行为是由第三人实施的，那么，只有在表示受领人知道或应该知道欺诈行为及其对被欺诈人的意志决定可能发生因果联系时，表意人才可撤销其表示。"① 但若相对人不知道也不应当知道表意人的意思表示系受欺诈所致，则表意人即不能依据受欺诈而撤销该意思表示，"在此种情形，法律将受领人对表示有效性的信赖，置于被诈欺人撤销其表示的利益之上。被诈欺人充其量只能根据第 119 条第 2 款规定的条件，因错误而撤销其表示。"② 虽然两种情形都是撤销，但是因错误而撤销意思表示的须赔偿对方的损失，而因欺诈而撤销的无需赔偿对方的损失。另外受欺诈人可以请求实施欺诈行为的第三人承担侵权责任。

2. 须欺诈人有欺诈的故意

所谓欺诈的故意是指该欺诈行为须有使表意人因该行为陷于错误并为意思表示的故意。因此，该项故意含有两重含义：第一，须有使表意人陷于错误的故意；第二，须有使相对人因其错误而为意思表示的故意。因此新闻杂志上的虚伪记载，虽然有使人陷于错误的故意，但无使人因此而为意思表示的故意，一般不得称为欺诈。但如行为人有对此虚伪记载如实告知的义务而竟保持沉默，则此时有欺诈的故意，可以构成欺诈。而且，此处受欺诈意思表示的构成要件，不以受害人受有财产损失为必要，也不以欺诈人欲得财产上利益为必要。即使善意欺诈（即目的在于增益相对人财产的欺

---

① 《帝国最高法院民事裁判集》，第 134 卷，第 43 页、第 53 页。转引自 ［德］卡尔·拉伦茨（Karl Larentz）：《德国民法通论》（下册），王晓晔、邵建东等译，法律出版社 2003 年版，第 545 页。

② ［德］卡尔·拉伦茨（Karl Larentz）：《德国民法通论》（下册），王晓晔、邵建东等译，法律出版社 2003 年版，第 544 页。

诈），亦得构成此处所谓欺诈。因为法律于此所关注的，不是财产，而是意思决定的自由。

3. 须相对人因欺诈而陷于错误

首先受欺诈人必须陷于认识上的错误。如果他人对于表意人实施了欺诈行为，但是表意人并没有因此发生认识上的错误，还不能构成受欺诈的意思表示。此处所谓错误，包括两种情形：一为原无错误，欺诈后始有错误发生；一为相对人已有错误，但受欺诈后其错误的程度得以加强。而且该处错误为意思表示内容的错误，抑或意思表示动机的错误，均无不可。因此，欺诈后表意人并未陷于错误者，不构成受欺诈的意思表示。这一点与刑法不同，刑法上只要有欺诈行为，即使并未使他人陷于错误，亦得构成欺诈的未遂，民法上则不存在未遂问题，这是因为刑法关注的是欺诈人的行为，一般来讲，只要有此行为即构成犯罪，后果如何只决定犯罪的程度；民法关注的是由该欺诈所导致的意思表示，只要没有此意思表示，则受欺诈的意思表示即不能构成，意思表示无所谓遂与不遂的问题。其次，欺诈行为与错误之间须有因果关系，即该错误系由欺诈行为所导致。因而其错误非由欺诈行为所造成者，亦不符合该要件。只不过关于此因果关系的存在，法律视为当然，如欺诈人欲否认其存在，须以反证推翻，即所谓"举证责任倒置"。同时，表意人对于错误发生，即使有过失，亦不影响该要件的成立。还应注意的是，受欺诈的意思表示必然是错误意思表示，不过此所谓错误系由意思表示的相对人（即使不为相对人，该相对人对欺诈情事亦为明知或可得而知）所导致，因而发生二者的竞合问题。应当指出

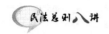

的是，受欺诈的意思表示，其错误的范围要大于错误意思表示中错误的范围，即不仅包括内容错误、由标的物性质或当事人资格所引起的动机错误，而且一般的动机错误亦包含在内。同时，受欺诈的表意人对相对人亦无赔偿责任可言，相反，欺诈人则须对表意人负侵权责任，因而，主张意思表示受欺诈较之错误对表意人更为有利。

4. 行为人因此陷入错误而作出有利于对方的意思表示

首先，须有表意人完成相应的意思表示，即该表示应符合意思表示的成立要件。其次，该意思表示须与错误之间有因果关系，即无此错误则不会作出该意思表示。因此意思表示，非由于错误而作出者，不符合该要件。这是因为意思表示非由错误造成者，则其意思决定并未受有不当干涉，因而没有撤销的必要。再次，该意思表示迎合了相对人的意思，即表意人所为的意思表示正是欺诈人在实施欺诈行为时所希望的。

最后，若欺诈行为不是由对方当事人所实施的而是由第三人实施的，则需要合同对方当事人主观上存在恶意，受欺诈的一方才享有撤销权。所谓对方当事人有恶意，则是指对方当事人知道或者应当知道行为人是基于第三人的欺诈行为而做出的意思表示的。若对方当事人对于行为人被第三人欺诈的事实不知情且没有过失的，则被欺诈的行为人不得撤销该法律行为，其所受的损害只能基于侵权等其他请求权基础向对其实施欺诈行为的第三人请求损害赔偿。

（三）在被胁迫的情形下实施的法律行为可以反悔

被欺诈的法律行为可以撤销，被人胁迫的法律行为就更能撤销。我国《民法总则》第一百五十条规定了因他人胁迫所实施的法律行为可以撤销。理解该条，须把握以下几点：

1. 须有胁迫行为

胁迫行为是指为使他人发生恐怖，不当地预告将来发生危害的行为。对此要件的掌握须注意如下几个方面：（1）胁迫由人所为，因而天灾、地震等自然力虽亦可使人发生恐怖，但非此处所谓胁迫，但如恐吓他人如不为意思表示则会受有天灾、神罚等，则可以构成胁迫行为。（2）关于胁迫行为与物理上的强制。物理上的强制是指使被胁迫人完全丧失其自由意识以及使被胁迫人身体上直接受其强制的行为，如被胁迫者强执他人之手签名。在物理上的胁迫，被胁迫人完全丧失了意思自由，成为加害人驱使的工具，该行为虽具意思表示之表，但因欠缺行为意思，并无意思表示之实；而在胁迫行为，其胁迫仅为心理的胁迫，被胁迫人尚有部分决定的自由（其意思决定只是受到了胁迫行为的不当干涉，因而需在为真实的意思与迎合胁迫人的意思为意思表示从而免受胁迫之间选择其一），因而其行为意思并不丧失，其意思表示已经成立，只是因其有瑕疵而得撤销而已。所以，物理上的胁迫与心理上的胁迫不同，物理上的胁迫非属于此处所谓胁迫行为。（3）关于胁迫行为人。胁迫行为人不以法律行为当事人为限，即使当事人以外的第三人亦得成立胁迫行为。此与受欺诈的意思表示不同。在受欺诈的意思表示，若欺诈行为系第三人所为，受欺诈人撤销权的成立须以相对人明知或可得而知者为限，在受胁迫的意思表示，若胁迫人为第三人，则不论相对人知与不知均不影响表意人撤销权的成立。法律

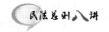

"所以设此不同之规定，乃是鉴于表意人被胁迫时，其决定意思之自由，受他人不正当干涉程度较重，应特别优予保护也"。（4）胁迫行为所预告的危害须为将来事项，因而如果利用他人已发生的困境而威胁其给予利益方可援助，不构成此处所谓胁迫。唯此种情形可能会构成后文所要讲解的"危难被乘的意思表示"。（5）关于受危害的主体、客体、危害的种类与程度。对此，有的国家设有规定，如瑞士债务法规定受危害的主体限于表意人或其近亲，受危害的客体则限于生命、身体、名誉或财产，关于危害的种类或程度，瑞士债务法则明定须为迫切而重要的危害，德国、日本对此则无限制性规定，我国台湾地区现行民法亦如此。依学者通说，只要危害足以使人陷于恐怖即为已足，受危害的主体、客体、危害的种类与程度，均非所问。为了彻底贯彻意思自治原则，笔者认为对于受胁迫的行为应做广义解释，因此我国司法实践上应当采纳德国与我国台湾地区的做法。（6）关于胁迫方式。胁迫依口头或书面均无不可，即使如手势、姿态（如殴打后要求赠与金钱，如不为承诺则有继续殴打的气势）亦可构成胁迫行为。

2. 须胁迫人有胁迫的故意

胁迫的故意是指胁迫人有使表意人陷于恐怖，且基于此恐怖而为意思表示的故意。因此，该故意包含两重意义：（1）须有使表意人因其胁迫陷于恐怖的故意；（2）须有使表意人基于此恐怖而作出意思表示的故意。这一点与受欺诈意思表示要件中的欺诈故意同，于此不赘。

3. 须胁迫行为不当

我国《民法通则》并没有规定胁迫行为不当，但学者通说均认此为受胁迫的意思表示的要件之一，这是因为，法律赋予表意人撤销权，是为了防止他人对表意人意思决定的不当干涉，而如果该"胁迫行为"为合法行为，则无不当干涉可言，故无赋予表意人撤销权的必要。然而"最重要的问题是什么时候胁迫是违法的。准确地说，即在什么时候，通过胁迫促使表意人发出某种意思表示是违法的。一般来说，如果预示不利后果的手段本身是违法的，或胁迫人追求的目的是违法的，或本身是合法的手段就达成这个目的而言不是一种合适的手段，那么胁迫就是违法的。"① 据此，胁迫的违法性有两种情形：一种情形是该胁迫行为本身即是违法的。如甲某威胁乙某，若乙某不将房子以较低的租金出租给他，那么甲某将揭露乙某的某种隐私，乙某不得已将房子以较低租金出租给了甲某，则甲某的威胁行为具有违法性，因为揭露他人隐私本身即是违法行为。另一种情形是行为本身不具有违法性，但是实施该行为的人借此追求不正当的利益，如丙某掌握某官员丁某贪污受贿的事实，即以检举丁某该犯罪行为相威胁，要求丁某将其房屋以低价出售给丙某，丁某无奈只得答应签订合同。丙某检举行为本身是合法的，但是其利用来追求不合法的利益因而该行为也属于违法的。

4. 须表意人因胁迫而陷于恐怖

首先，表意人须陷于恐怖。如果表意人未陷于恐怖，则其意思决定的自由并未受到不法干涉，因而亦无瑕疵问题可言。该种恐怖不必是新发生的，即使业已存在而加深其程度者，亦属于此所谓恐

---

① ［德］卡尔·拉伦茨（Karl Larentz）：《德国民法通论》（下册），王晓晔、邵建东等译，法律出版社 2003 年版，第 547 页。

怖。其次，该种恐怖与胁迫行为之间须有因果关系，恐怖由胁迫行为所造成。但该种因果关系应采主观标准还是客观标准，则有争论。学者通说以为应采主观标准。即使在通常情况下，一般人不会发生恐怖，而表意人发生者，亦符合该种要件。这是因为，恐怖是否发生并进而影响意思决定自由，完全是胁迫人主观的事情。而且，表意人之于恐怖发生有无过失，均构成此处所谓恐怖。但该原则亦有例外，有学者指出，"被胁迫人之迷信或特别怯懦之性质，亦应斟酌之乎？曰：原则上固无须加以斟酌，然如明知被胁迫人之性质而利用之，则其特性自有加以斟酌之必要。"①

5. 须表意人因恐怖而迎合胁迫人作出意思表示

首先，表意人须作出意思表示，该意思表示须符合意思表示的成立要件；其次，该意思表示须迎合胁迫人的意思。如果表意人为避免危害发生作出任何胁迫人所追求目的以外的意思表示的，如甲威胁乙若不赠与其若干金钱则将其杀掉，乙陷于恐怖，乃购买匕首一把以作防身之用，则并不符合该要件。但该种迎合，并不要求与胁迫人的意思完全一致，只要双方意思方向一致即为已足。例如甲威胁乙不予金钱千元则将其杀掉，而乙表示予甲八百元，仍不失为迎合甲作出的意思表示。最后，该意思表示须与恐怖间有因果关系，即无此恐怖，则不会作出该意思表示。依学者通说，该种因果关系，亦系采主观标准，只要表意人主观的存在即为已足，无须客观的认为相当。关于该因果关系的存在，表意人须负举证责任。

---

① 胡长清：《中国民法总论》，中国政法大学出版社1997年版，第255页。

（四）所实施的法律行为显失公平的可以反悔

《民法总则》第一百五十二条规定："一方利用对方处于困境、缺乏判断能力等情形，致使民事法律行为成立时显失公平的，受损害方有权请求人民法院或者仲裁机构予以撤销。"本条规定是将原来《民法通则》和《合同法》规定的两种可撤销的法律行为结合在一起统一加以规定，即乘人之危的法律行为和显失公平的法律行为，统一在"显失公平的法律行为"的概念项下。当事人依据显失公平主张撤销，应当满足下列四方面的要件：（1）须表意人处于严重危难的情形下或者显然没有判断能力。例如某人因为疾病急需一笔钱用来治疗否则就会发生生命危险，或者因为经营上的困难急需一笔钱来周转否则就会被人民法院宣告破产，或者由于其没有任何交易的经验突然从事一笔自己无法判断的交易等。（2）须对方故意利用表意人的危难境地或者缺乏判断能力的情形。须法律行为的相对人明知表意人陷于困境，而且故意利用该困境让表意人实施迎合其利益的意思表示。（3）须表意人实施了迎合对方当事人利益的意思表示。此点与受欺诈及受胁迫的情形相同。（4）须交易严重不公平。与欺诈和胁迫的情形下作出的意思表示不一样，在这两种情形下只需要构成欺诈和胁迫即可撤销，而乘人之危的情形，还要求法律行为实施后必须严重地损害处于危难境地一方当事人的利益，否则为了保护交易安全不能允许表意人撤销。

（五）如何反悔——撤销权的行使

如果当事人有撤销权或者说是反悔的权利，必须依照法律规定的方式才能予以撤销或者说是成功反悔，否则就不能撤销了。

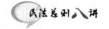

1. 必须通过起诉或申请仲裁的方式行使撤销权

撤销权的行使必须通过诉讼或仲裁的方式，当事人自行向对方提出则不发生撤销的效果。而通过仲裁途径主张撤销权，须以当事人在合同中定有仲裁条款或者在合同之外单独订立了仲裁协议为前提。我国法律之所以如此规定，撤销权的行使须依诉讼或仲裁的方式为之，是考虑到撤销权会使一项有效的交易归于无效，从而影响到交易安全和对方当事人的基本利益，因而需由法院或仲裁对是否确实有撤销权进行慎重判断，而并非限制撤销权人行使撤销权。因而若经法院审理，当事人确有撤销权，则当事人行使撤销权的，法院或仲裁须予以支持而无自由裁量的余地。

2. 行使撤销权必须在撤销权的有效期限内进行

撤销权在法学理论上属于形成权，形成权都有一定的期间，超过这个期间就消灭了，这个期间在法学理论上被叫作除斥期间。依据《民法总则》第一百五十二条的规定，撤销权的除斥期间的长度以及起算时间因不同的撤销事由而有所不同。（1）原则上撤销权的除斥期间是一年。自撤销权人知道或者应当知道撤销事由之日起算。包括第一百四十八条和第一百四十九条所规定的受欺诈的法律行为，第一百五十二条所规定的显失公平和乘人之危行为。对于因胁迫而实施的意思表示，其撤销权的期间也是一年，但是其起算的时间点是从胁迫行为终止之日。（2）重大误解行为的撤销权的除斥期间是三个月。该三个月的期间也是从行为人知道或者应当知道撤销事由之日起算。（3）最长期间为五年。撤销权从法律行为发生之日起最长不超过五年，即经过五年的则无论如何均归于消灭。

换言之，即便行为人不知道有撤销事由的，经过五年后其撤销权仍然消灭。撤销权的除斥期间与诉讼时效有所不同，除斥期间是不变期间，因此不能适用诉讼时效的中止、中断，也不适用延长等规定。

3. 行为人必须没有放弃过撤销权

撤销权人若曾经放弃了撤销权也就不能再行使撤销权了。撤销权作为非人身权，权利人当然可以放弃。撤销权的放弃也是法律行为，需要以意思表示的方式实施。作为意思表示可以是明示，也可以是默示地放弃。明知有撤销权而要求对方履行、知道有撤销权仍然接受对方的履行或者知道有撤销权仍然主动向对方提出履行等，都可以视为默示地放弃撤销权。

四、没有约束力的合同——无效的法律行为

除了可撤销的法律行为之外，其实还有一些法律行为（以合同为主）不用撤销就是无效的，即对当事人没有约束力。根据《民法总则》的相关规定有下列情形之一的，法律行为无效。

（一）法律行为违法的无效

依据《民法总则》第一百五十三条第一款，违反法律和行政法规的强制性规定的法律行为无效。这里的强制性规定是效力性规定，即"该强制性规定非属于不导致该民事法律行为无效"的强制性规定。这一条其实特别容易理解，例如甲某和乙某签订合同约定，甲某向乙某支付 50 万元，乙某替甲某把甲某的仇人丙某杀死，这样的合同当然无效。再例如，当事人和法官约定当事人向法官支付 50 万元的报酬，法官则在案件中判该当事人赢得诉讼，当然也

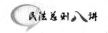

会因为违反法律而无效。

但是有的情形比较复杂，因为法律规范的目的和功能有所不同，其效力也就不同，因此并不是所有违反法律规定的法律行为都无效，而是必须进一步将法律规范作出区分而确定违反了该法律规定是否无效。法律规范可以区分为强制性规范和补充性规范（或者称之为任意性规范）。补充性规范，因为其目的在于添补当事人意思表示的漏洞，故仅在当事人没有约定或者约定不明时始得适用，所以法律行为若违反的仅系补充性规范并不产生无效的后果。即便是强制性规范，也可以进一步区分为效力性强制性规范和取缔性强制性规范，违反了前者将导致法律行为的无效，而仅违反后者则并不影响法律行为的效力，仅违反者承担一定的法律责任而已。然而哪些规范是强行性的效力性规范，本条并没有具体指明。实际上本条规定没有任何实质内容，属于"转介条款"，即将国家对私人生活管制的公法规范通过该转介条款而引入私法中，从而作为对法律行为的具体内容的控制。① 这样一方面仍然维持了民法的纯粹性，即民法作为自治法之原则法的地位，另一方面又为公法进入私法打开了相应的通道。"规范国家与人民关系的公法，以及规范人民之间的私法，本来各有其领域，而且在理念的形成与概念、制度的发展上，各有其脉络，应该不会有规范冲突的问题才对。但现代化同时带动公领域和私领域的扩张，两者之间呈现的不只是反映左右意识形态的波段式拉锯，而且是越来越多的交错，应然面的法律

---

① 参见苏永钦：《寻找新民法》，北京大学出版社 2012 年版，第八、九章。

体系，很自然的也从公私法的二元变成多元。作为管制与自治的公私法规范，还因为两种理念的辩证发展而相互工具化，导致相互提供避难所。这都使得公法和私法间的接轨问题变得越来越复杂。"①

（二）法律行为违反善良风俗的无效

各国在立法上使用了不同的术语来表达这种情况，然而无论采取的是"善良风俗"还是"公序良俗"，抑或是"公共秩序"中的哪个术语，其功能均相同，即将一个国家的"法制本身的内在的伦理道德价值和原则"以及"现今社会占统治地位的道德"等行为准则作为对法律行为的内容的控制。② 我国《民法总则》第一百五十三条第二款的规定吸收了比较法上通行的做法，规定法律行为违反公序良俗的无效。该款规定是作为一般性的概括条款，仍然需要学说与司法实践共同努力整理各种因违反"公共秩序"而被认定为无效的案件类型，从而一方面确保法律的稳定性，另一方面也不会使其成为封闭的体系而无法与时俱进。我国目前无论学说还是司法实务均未在这方面做出有益的尝试，笔者在此介绍比较法上的案件类型以供我国参考。③

1. 违反性伦理和家庭伦理所为的意思表示

例如有关性交易的合同、有关包养情妇的合同、将全部遗产遗留给情妇的遗嘱、约定以不生育子女为条件而进行结婚的协议、断

---

① 苏永钦：《寻找新民法》，北京大学出版社 2012 年版，第 249 页。
② ［德］卡尔·拉伦茨（Karl Larentz）：《德国民法通论》（下册），王晓晔、邵建东等译，法律出版社 2003 年版，第 599 页。
③ 参见席志国：《中国民法点论》，中国政法大学出版社 2013 年版，第 316—317 页。

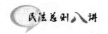

绝父子关系协议等等。

2. 极度限制个人自由的意思表示

例如将自己卖身为奴的意思表示、夫妻之间约定不得离婚，一旦某方提出离婚，则丧失全部财产并给对方巨额损害赔偿金的意思表示，在雇佣契约或者劳动合同中约定职工不得结婚或者生育子女的意思表示等。

3. 赌博以及各种类似于赌博的行为

例如大家相约建立一个微信群，约定每天都在这个群里发红包，每人每次发的红包都为 200 元，红包个数为 10 个，只有群主不用发，其他人必须发固定数目的红包，这样的约定应当是无效的。因为这样的约定和行为实际上已经构成了赌博，而赌博属于违反公序良俗的行为，因此应当是无效的。

4. 严重违反市场经济基本秩序从而限制正当竞争的行为

例如为了不正当竞争目的，而以出高价的方式引诱他人违约而签订的损害第一交易人利益的合同。

5. 严重限制营业自由或者职业自由的行为

例如约定长期的竞业禁止特约等。

（三）当事人串通虚假所实施的法律行为无效

《民法总则》第一百四十六条规定："行为人与相对人以虚假的意思表示实施的民事法律行为无效。以虚假的意思表示隐藏的民事法律行为的效力，依照有关法律规定处理。"该条规定了被称之为串通虚假的行为，也可以被叫作同谋虚伪表示。所谓同谋虚伪表示是指表意人与相对人同谋实施的没有真实效果意思的意思表示。

同谋虚伪表示在德国被称之为虚假行为，"是指表意人和表示的受领人一致同意表示事项不应该发生效力，亦即双方当事人'一致同意仅仅造成订立某项法律行为的表面假象，而实际上并不想使有关法律行为的法律效果产生。'"① 构成同谋虚伪表示须具备下述四个方面的要件：（1）须有意思表示存在。（2）须表意人主观上不具有该意思表示所表达的效果意思。例如甲并没有想将其房屋卖给乙，但是为了避免债权人的强制执行才与其好朋友乙签订书面合同伪装将其房屋出卖给乙并办理了相应的过户手续，双方私下约定该房屋事实仍然归甲所有。（3）须表意人明知其不具备该表示所表达的效果意思。该要件使虚伪表示与错误表示相区别，在错误表示的情形，表意人不知道自己表示的意思与自己的主观效果意思不一致。（4）须表意人与相对人在"不具备该表示所表达之效果意思"这一点上形成合意。这是同谋虚伪表示与单独虚伪表示的唯一区别，否则即为单独虚伪表示。

依据《民法总则》第一百四十六条，同谋虚伪的意思表示的效力，应当区分出表面的伪装行为和被伪装的真实的意思表示。对于表面的伪装行为，因为当事人并没有真正的效果意思，从而不构成意思表示，故应不发生法律效力，这就是《民法总则》第一百四十六条第一款规定的意思。对于被伪装的意思表示，依据《民法总则》第一百四十六条第二款的规定则应当区分对待。首先由于被伪装的意思表示是双方当事人的真实意思，且双方当事人达成

① ［德］卡尔·拉伦茨（Karl Larentz）：《德国民法通论》（下册），王晓晔、邵建东等译，法律出版社2003年版，第497页。

203

了合意，故其具备意思表示的全部要件，不因无效果意思而无效。因此若被伪装的行为，具备了意思表示之外的其他法律行为的生效要件，即当事人均有行为能力，且不违反法律、法规的效力性强制性规定，也不违背公序良俗则，应当属于有效的法律行为。相反若其不具备法律行为的其他生效要件，那么也将发生无效或者可撤销、效力待定等问题。

（四）恶意串通损害他人的法律行为无效

《民法总则》第一百五十四条规定："行为人与相对人恶意串通，损害他人合法权益的民事法律行为无效。"该条规定的"恶意串通行为"属于同谋虚伪表示，但是不完全等同于虚假行为。换言之，虚假行为的范围大于恶意串通行为。比较法上的同谋虚伪表示并不要求串通虚假的行为必然要损害国家、集体、第三人的利益，即便没有损害第三人的利益，只要双方当事人的共同同意所表示的意思不应当发生效力这一点就足以构成，因而也是无效的。对此德国法学家拉伦茨教授指出："虚假行为的双方当事人大多是想欺骗某个第三人，如债权人或税务机关等。不过这一欺骗意图并不是构成虚假行为的必要前提。"① 我国法律上的"恶意串通"比比较法上的"同谋虚伪表示"多了一个要件，即需要该虚假行为的目的是损害第三人，除此之外均相同。但是我国司法实务对恶意串通的要件有所误解，我国司法实务上经常认为只要相对人明知表意人有害于第三人即属于与表意人恶意串通。既然恶意串通的行为中

---

① ［德］卡尔·拉伦茨（Karl Larentz）：《德国民法通论》（下册），王晓晔、邵建东等译，法律出版社 2003 年版，第 494—495 页。

被隐藏的行为损害了他人的利益，那么当然该行为应当归于无效，因为其行为已然属于违反法律的效力性强制性规定。

五、法律行为无效后还有什么后果——恢复原状

这里所称的法律行为的无效，包括三种情形，即：绝对无效，可撤销的法律行为被撤销而溯及自始无效的情形，效力待定的法律行为未被追认或者善意相对人撤销其意思表示而确定无效的。法律行为无效后除了对当事人没有法律约束力，当事人不需要履行法律行为中所规定的各种义务，例如无效的买卖合同，出卖人不需要向买受人交付标的物和移转所有权，而买受人也不需要向出卖人支付价金。但是很有可能当事人已经履行了法律行为，那么双方当事人面临着恢复原状的义务，即恢复到没有实施法律行为之前的状态，具体而言有：

（一）返还财产的义务

所谓意思表示无效，不发生该表示所预设的效果，因此若当事人基于该法律行为已经移转了财产权于对方，则得请求对方返还其财产权。若该项财产已经因为消费、毁损、转让等原因而不能返还的，则应当赔偿其价款。但是返还财产的依据究竟为何，则因是否承认处分行为与负担行为相分离的原则和处分行为的抽象原则有所不同，以下分情形予以讨论。

1. 不区分处分行为与负担行为的情形

对于不区分处分行为与负担行为的立法例，意思表示无效的，则整个交易归于无效，当事人没有履行相应义务的则无需再为履

行，而若当事人已经履行了的，则因为整个交易均归于无效，那么因此取得财产的一方，因为意思表示无效，系自始无效，那么该财产权自始就没有发生转移，原权利人仍然是权利人，其可以基于原财产权请求取得财产利益之人返还该财产。以买卖合同为例，若甲和乙签订买卖合同，甲将一套房屋以 200 万元的价格出卖给乙。后该合同被确定为无效的合同，那么若双方当事人均未履行合同义务的，则均不再履行即可。若出卖人甲已经将房屋登记给了乙方并且交付了房屋，合同被认定是无效的，则乙方自始没有取得房屋所有权，过户登记则为登记错误。甲方可以基于所有权请求乙返还房屋，并进行相应之回转登记。

2. 区分处分行为与负担行为的情形

在区分处分行为与负担行为并承认处分行为的无因性（即抽象原则）的情形下，则须区分以下若干情形处置：（1）若当事人仅仅实施了负担行为尚未实施处分行为时，仅仅产生该负担行为所产生的权利义务归于无效而无需履行的后果。（2）若当事人不但实施了负担行为并且进一步实施了履行行为的处分行为，如已经实施了交付行为，对不动产实施了交付行为并且办理了移转登记的，则须进一步审查无效的究竟是负担行为抑或是处分行为，还是二者均为无效。若负担行为与处分行为均无效的，则其情形与上述不区分负担行为与处分行为的立法例同。例如签订买卖合同的出卖人为无行为能力人，交付财产时亦为无行为能力人的，则出卖人仍然可以基于所有权请求买受人返还。若无效原因仅及于负担行为，而不及于处分行为的，则基于处分行为的无因性该处分行为仍然有效，此时受领人仍然取得相应的财产权，只不过其所取得财产权的原因已经消灭构成不当得利，因而需返还其所受利益而已。此时出卖人请求返还财产的依据是不当得利之债，而非物上请求权。若无效原因仅及于处分行为，负担行为不受影响，那么虽然基于处分行为无效，买受人无法取得其所受领的财产的所有权，但是基于出卖人负有移转该财产权的义务，则买受人可以请求出卖人继续履行其合同义务从而取得标的物的所有权。

（二）赔偿损失

法律行为无效之后，有过错的当事人应当赔偿对方的损失，如果双方都有过错，按过错的程度分担损失。此时所赔偿的损失，应当是信赖利益而非预期利益，即仅赔偿相对人因信赖意思表示有效而实际支出的相关费用和现有财产的减少的损失。换言之，只需要使相对人处于未实施该意思表示行为之前的状态即可。当然过错方赔偿对方的损失，不得超过对方因该意思表示有效而可获得的利益。

案例解析

案例一：

根据《民法总则》第一百四十四条，无民事行为能力人实施的民事法律行为无效。而第二十条规定，不满八周岁的未成年人为无民事行为能力人。因此，小明与商店间关于游戏机的

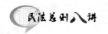

买卖合同无效。同时根据《合同法》第五十八条，合同无效或者被撤销后，因该合同取得的财产，应当予以返还。所以小明的父母可以以小明为无民事行为能力人为由向商店主张买卖合同无效，并请求退款。

案例二：

小赵要求李某承担违约责任的诉讼请求是站不住脚的。因为根据《房地产管理法》等相关法律规定，房屋买卖合同作为不动产买卖合同属于要式法律行为，因此双方必须以书面形式订立合同。当事人没有采取书面形式订立合同的，合同不能成立生效，因此对双方当事人没有拘束力。既然合同没有法律约束力，那么李某就无须承担违约责任。

案例三：

法院应当认定该套房屋是郝某与陈某两人共有。因为依据我国《婚姻法》的规定，夫妻双方虽然可以约定分别财产制，但是约定夫妻财产制的法律行为必须以书面的方式进行，即所谓的书面要式法律行为。本案中郝某与陈某的双方约定仅仅是口头的，因此不能产生法律效力，此时相当于双方并没有约定。依据《婚姻法》的规定，没有约定的则夫妻关系存续期间所取得的财产应当属于夫妻共同财产。同样，郝某在夫妻关系存续期间所负担的债务也应当是共同债务，应当用其夫妻共同财产清偿。所以法院应当判决由郝某和陈某共同归还王某的债务，并且经王某申请可以拍卖登记在二人名下的房屋。

案例四：

遗嘱是民事法律行为的一种，根据《民法总则》第一百五十三条第二款，违背公序良俗的民事法律行为无效。张某将生前财产全部赠送给了其情人王某，与民间传统风俗和一般道德规范不相符合，应认定为违背公序良俗。因此张某的遗嘱无效。

案例五：

根据《民法总则》第二十九条，被监护人的父母担任监护人的，可以通过遗嘱指定监护人。而根据《继承法》第十七条，遗嘱人在危急情况下，可以立口头遗嘱。口头遗嘱应当有两个以上见证人在场见证。又根据《民法总则》第一百五十三条，违反法律、行政法规的强制性规定的民事法律行为无效。但是该强制性规定不导致该民事法律行为无效的除外。刘备托孤于诸葛亮，按今日法律的规定，可视为通过遗嘱指定监护人。而这一口头上的托孤需要具备两个以上的见证人在场的形式要求。换言之，若采用密语的方式，则该遗嘱因不符法律规定的形式要件而无效。

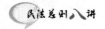

案例六：

甲某可以诉请法院撤销该房屋买卖合同，并请求丙某返还
该别墅。因为丙某的行为已经构成了《民法总则》第一百五十
条所规定的胁迫，使甲某陷入了恐惧而订立了对自己明显不利
的合同（即双方法律行为）。需要特别注意的是尽管甲某作为
官员经常出入娱乐场所的行为是不当的，但是丙某利用该事实
强迫甲某进行交易而不是进行举报是不正当的和违法的，所以
仍然能够构成胁迫。

案例七：

老人可以要求丙某退货，从而退还自己的全部价款。老人要
求退货的行为实际上在行使的是《民法总则》第一百四十八条所
规定的撤销权。在本案中丙某实施了欺诈行为，致使老人显然错
误的认识而与其实施了不利于自己的法律行为，因此已经构成了
《民法总则》第148条所规定的因欺诈所实施的法律行为，所以
可以在知道或者应当知道自己被欺诈之日起的一年内诉请人民法
院撤销该法律行为，即要求退货并退还自己所付款项，如果自己
还有损失的并要求丙某赔偿自己的损失，如交通费等。

案例八：

甲某可以诉请人民法院要求丙某退还他所多支付部分的大
部分钱，即17000元。因为丙某故意利用甲某所处的危难境地，与甲某实施了对于甲某明显不公平的法律行为（合同），已经符合《民法总则》第一百五十一条所规定的显失公平的情形，因此可以在一年内向法院诉请撤销该法律行为，撤销后即可以要求其返还多支付的超过成本以外的钱。

案例九：

根据《民法总则》第一百四十七条，基于重大误解实施的民事法律行为，行为人有权请求人民法院或仲裁机构予以撤销。珠宝商买卖的本是珠子而非盒子，他内心之真意也是交付珠子而非盒子，但事实上他实施了交付盒子的行为。因此其交付盒子的行为可视为基于重大误解实施的民事法律行为，珠宝商可以诉请法院予以撤销。

民法总则：一部开启一个时代的法律

第七讲

责任无处不在——民事责任风险及其防范

法律名言

不知道法律的规定不能成为免责的理由。

——古罗马谚语

任何人不得因自身的不法获得利益。

——拉丁语格言

人类对于不公正的行为加以指责，并非因为他们愿意做出这种行为，而是唯恐自己会成为这种行为的牺牲者。

——〔古希腊〕柏拉图

法律的力量仅限于禁止每一个人损害别人的权利，而不禁止他行使自己的权利。

——〔法〕罗伯斯比尔

对于犯罪最强有力的约束力量不是刑罚的严酷性，而是刑罚的必定性……因为，即便是最小的恶果，一旦成了确定的，就总令人心悸。

——〔意〕贝卡利亚

214

要点提示

● 责任有政治责任和法律责任之分。① 政治责任是领导干部制定符合民意的公共政策并推动实施的义务以及没有履行好义务时应受到的制裁和谴责。法律责任又有违宪责任、刑事责任、行政责任和民事责任之别。政治责任与法律责任的主要区别有：政治责任的追究相对于法律责任具有优先性；法律责任必须有法律的明文规定而政治责任不可能由法律明文精确地规定；法律责任有专门的认定机关而政治责任不能仅以专门机关来认定；政治责任与法律责任的承担方式不一样；法律责任不具有连带性而政治责任具有。②

● 法律责任有违宪责任、刑事责任、行政责任和民事责任之别。民事责任是民事主体因违反法律规定或合同约定而应当承担的责任，其主要表现形态是违约责任和侵权责任。违约责任是不履行或不完全履行合同约定义务而产生的责任，侵权责任是侵犯法律规定的权利（一般指债权之外的权利）或利益而导致的责任，二者本属不同的责任类型，但在特殊情况下可能产生责任的竞合，也就是同一不当行为同时构成违约责任和侵权责任。这时，当事人可

---

　　① 有人主张还应当有道德责任，但道德责任和政治责任有很大的相通性，因此，我们主要讨论政治责任和法律责任。
　　② 张贤明：《政治责任与法律责任的比较分析》，《政治学研究》2000 年第 1 期，第 13 页。

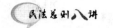

以选择一种有利于自己的方式（应根据具体案情酌定）主张权利。

● 是否构成违约责任，主要根据合同的约定判断，如果合同约定不明或没有约定，根据《合同法》的规定。

● 古代侵权责任是结果责任，那时还不知道过错为何物。近代侵权责任由过错责任主导，在现代侵权责任的根基还是过错，但无过错责任的大量出现是趋势。

● 是否构成侵权责任，一般是从是否有损害后果、行为是否违法、违法行为与损害后果是否有因果关系，以及行为人是否有过错四个方面予以判断，简单讲，就是从是否有损害、损害是不是某一行为造成的、行为人是否有过错几个方面判断。这即典型的过错责任。此外，侵权责任还有所谓无过错责任（又称严格责任）之说。无过错责任并不是说行为人事实上没有过错，而是说法律规定某一行为人对某一损害承担责任并不以行为人有过错为前提，也就是行为人要对造成的损害后果承担责任，而不问行为人是否有过错。

● 无过错责任的出现是适应现代工业社会工伤事故、环境污染、交通事故等工业灾害频繁发生而产生的。一方面，工业事故是与工业文明相伴而生的，是我们享受工业文明成果必须承受的代价；另一方面，事故风险的制造者相对而言比受害者有能力控制、承担风险，且也便于将事故风险通过保险等风险管理手段向社会予以分散。因此，无过错侵权责任总是与责任保险相伴，二者互相影响、促进。

● 侵权责任有按份责任和连带责任之分。在现代社会，责任的主流形态是按份责任，连带责任只有在法律（法规规章不可以设定连带责任）明确规定或合同约定的情形方可成立。只不过，近年来的立法中，出现了越来越多的连带责任规定，比如《食品安全法》、《广告法》等法律。

● 在风险无处不在的现代社会，我们应当学会如何识别、控制、分散风险，根据风险发生的可能性及严重程度，以及自身的承受能力，分别选择风险自留、风险规避、风险分散等风险管理手段。

● 民事权利的权利人和义务人总是分离的，而且所有权等权利的实现只需所有权人之外的其他人容忍、尊重、不干涉所有权人行使权利即可。因此，民事权利并不必然与责任联系，只有义务人不履行义务的情况下，法律责任才会从幕后走到台前。但公权力不可放弃、不可转让，必须行使，不存在选择的余地。权力、义务主体一致，谁享有权力，谁就承担责任，因此，对公权力而言，权力、义务、责任是一致的，可以说，权力即义务，不履行义务导致责任。正是在这个意义上，我们常说职责，即职权和责任，也就是说，有权必有责。

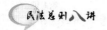

讨论案例

案例一：八达岭野生动物世界老虎伤人事件①

2016 年 7 月 23 日，北京市延庆区北京八达岭野生动物世界有限公司（以下简称"八达岭野生动物世界"）发生一起东北虎伤人事件，造成 1 死 1 伤，八达岭野生动物世界暂停营业。

8 月 24 日，"7·23"东北虎致游客伤亡事故调查组作出该事件的调查报告，报告认定造成此次事件的原因：一是赵某未遵守八达岭野生动物世界猛兽区严禁下车的规定，对园区相关管理人员和其他游客的警示未予理会，擅自下车，导致其被虎攻击受伤。二是周某见女儿被虎拖走后，救女心切，未遵守八达岭野生动物世界猛兽区严禁下车的规定，施救措施不当，导致其被虎攻击死亡。报告认为，八达岭野生动物世界在事发前进行了口头告知，发放了"六严禁"告知单，与赵某签订了《自驾车入园游览车损责任协议书》，猛兽区游览沿途设置了明显的警示牌和指示牌，事发后工作开展有序，及时进行了现场处置和救援。结合原因分析，调查组认定"7·23"东北虎致游客伤亡事件不属于生产安全责任事故。

8 月 25 日，八达岭野生动物世界重新营业，与出事前一样，自驾游览动物园的游客要与园方签订一份协议书，但较之

---

① 本案例根据 2016 年 7 月 26 日"澎湃新闻"、8 月 24 日"央视新闻"、8 月 27 日《北京青年报》、11 月 23 日《新京报》等的报道编写。

前增加了游客自驾限速、园方责任义务等方面的内容。出事前的《自驾车入园游览车损责任协议书》显示，进入园区的自驾车进入猛兽区必须关好、锁好车门窗，禁止投食，严禁下车，其余多为车辆在行驶中的一些约束。而新的《自驾车入园游览协议书》将协议分为十二项内容，除了旧协议书有的上述内容外，还规定了自驾游园的收费标准，园方应履行的相关安全管理责任义务，包括在园区内设置明显通行警示标志、在猛兽区配置安全巡逻车等。新协议中，有三个条款被画下划线并加粗，包括游客自驾游览猛兽区时必须关闭车门锁、严禁离开自驾车辆和开窗、园区电话等内容。

11月，死伤者家属向延庆法院提起侵权诉讼，死者周某的三名亲人作为原告，向动物园索赔丧葬费、死亡赔偿金、被抚养人生活费、精神损害赔偿金近125万元，赵女士则提出了31万余元赔偿，包括医疗整形费、误工费、住院伙食补助费、营养费、护理费、精神损失费、残疾赔偿金、被抚养人生活费。原告认为，家人误判过了猛兽区而下车有一定过错。但作为经营者的动物园管理方过错明显更大，应当对损害结果承担大部分责任。11月15日，延庆法院受理。

思考问题

原告可以以被告违约请求损害赔偿吗？

　　案例二：邱少华诉孙杰、加多宝（中国）饮料有限公司一般人格权纠纷案①

　　2013 年 5 月 22 日，新浪微博知名博主（当时有 603 万余"粉丝"）孙杰在新浪微博通过用户名为"作业本"的账号发文称："由于邱少云趴在火堆里一动不动最终食客们拒绝为半面熟买单，他们纷纷表示还是赖宁的烤肉较好。"该文发布不久即被转发 662 次，点赞 78 次，评论 884 次。23 日凌晨，该篇微博博文被删除。

　　2015 年 4 月，加多宝（中国）饮料有限公司（以下简称"加多宝公司"）在其举办的"加多宝凉茶 2014 年再次销量夺金"的"多谢"活动中，通过"加多宝活动"微博发布了近 300 条"多谢"海报，感谢对象包括孙杰，博文称："多谢@作业本，恭喜你与烧烤齐名。作为凉茶，我们力挺你成为烧烤摊 CEO，开店十万罐，说到做到^_^#多谢行动#"，并配了一张与文字内容一致的图片。孙杰用"作业本"账号于 2015 年 4 月 16 日转发并公开回应："多谢你这十万罐，我一定会开烧烤店，只是没定哪天，反正在此留言者，进店就是免费喝！！！"该互动微博在短时间内被大量转发并受到广大网友的批评，在网络上引起了较大反响。

　　2015 年 6 月 30 日，烈士邱少云之弟邱少华以孙杰的前述博

_____

① 根据 2016 年 9 月 20 日新华网等报道及最高人民法院公告的典型案例改编。http：//www. chinacourt. org/article/detail/2016/10/id/2320407. shtml。

文对邱少云烈士进行侮辱、丑化，加多宝公司以违背社会公德的方式贬损烈士形象用于市场营销的低俗行为，在社会上造成了极其恶劣的影响为由，向北京市大兴区人民法院提起诉讼，请求判令二被告立即停止侵害、消除影响、赔礼道歉，赔偿精神损失费 1 元。

思考问题
....

如何看待该诉讼？

✎ 主要内容

一、在责任体系中，民事责任是重要一员

责任有政治责任、纪律责任和法律责任等之分。著名学者张友渔指出，"我们党的历史上，曾经出现过好几次路线错误。犯错误的同志，大多数人的出发点是好的，但由于对客观形势做了错误的估量，采取了错误的路线、方针、策略，给工作造成损失，路线问题和犯罪行为性质不同、目的不同、手段不同，处理也应当不同。对路线问题不能采取法律手段解决。"[①] 路线问题（实际上就是政策性问题）是政治责任问题，不是刑事责任问题，自然也不能因为政治责任问题而追究刑事责任。大致来讲，政治责任是领导干部

_____

① 《张友渔文选》，法律出版社 1997 年版，第 73 页。

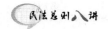

违反制定符合民意的公共政策并推动其实施的义务时所应受的谴责和制裁。相比之下，我们对纪律责任和法律责任要熟悉得多。

法律责任又有刑事法律责任、行政法律责任、民事法律责任和违宪责任之别。（1）刑事法律责任。刑事法律责任通过犯罪和刑罚表现出来。刑罚分为主刑和附加刑。主刑的种类有管制、拘役、有期徒刑、无期徒刑、死刑；附加刑的种类有罚金、剥夺政治权利、没收财产，附加刑也可以独立适用。此外，对于犯罪的外国人，可以独立适用或者附加适用驱逐出境。（2）行政法律责任。行政法律责任包括行政处分和行政处罚。《公务员法》规定的处分类型有：警告、记过、记大过、降级、撤职、开除。《行政机关公务员处分条例》规定的行政机关公务员处分的种类为：警告、记过、记大过、降级、撤职、开除。《行政处罚法》规定的行政处罚种类主要有：警告、罚款、没收违法所得、没收非法财物、责令停产停业、暂扣或者吊销许可证、暂扣或者吊销执照、行政拘留以及法律、行政法规规定的其他行政处罚。（3）民事法律责任。民事法律责任主要包括违约责任和侵权责任两种责任形式。违约，顾名思义，就是指违反合同约定的行为。违约成立的前提是有效合同的存在，如果合同未成立或无效，就不存在违约责任的基础。违约责任的主要责任承担方式有：支付违约金、解除合同、损害赔偿、继续履行。侵权行为，是指行为人不法侵害他人权利或利益，而应负担损害赔偿责任的行为。一般情况下，侵权责任是指侵犯人格权、身份权、物权、知识产权等权利的行为。侵权责任的承担方式主要有停止侵害、排除妨碍、消除危险、返还财产、恢复原状、赔偿损失、赔礼道歉、消除影响、恢复名誉。（4）违宪责任是一种特殊的法律责任，它主要是指国家机关及其工作人员违反宪法、宪法性法律，甚至宪法惯例而必须承担的法律责任。以违宪责任主体为标准，违宪责任可分为：立法机关违宪责任，司法机关违宪责任，国家重要领导人违宪责任和政党违宪责任。违宪责任的形式有：弹劾、罢免、撤销、宣告无效、拒绝使用、取缔政治组织。在我国，负责监督宪法实施的机构是全国人大常委会。长期以来，我国没有建立有效的违宪责任机制，导致法律法规不统一问题始终没有解决。中共十八届四中全会《决定》提出，"完善全国人大及其常委会宪法监督制度，健全宪法解释程序机制。加强备案审查制度和能力建设，把所有规范性文件纳入备案审查范围，依法撤销和纠正违宪违法的规范性文件，禁止地方制发带有立法性质的文件。"

　　与传统法律责任相比，现代法律责任总体来讲呈现出过错责任、独立责任、财产责任、有限责任的特点。第一，古代法律责任主要表现为结果归责，现代法律责任基本属于过错责任。《刑法》规定的犯罪要么是故意犯罪，要么是过失犯罪。故意犯罪，应当负刑事责任；过失犯罪，法律有规定的才负刑事责任。行政法律责任也基本是过错责任，民事责任有过错责任和无过错责任之分，但以过错责任为原则，且无过错责任也不是真正的没有过错，而是不问过错的有无，同时，无过错责任往往与责任保险结合，意在有效分散风险。第二，现代法律责任为独立责任。与古代社会的株连责任不同，现代法律责任为独立责任，"谁之过，谁负责"。而且，这种责任的独立性也体现在现代法对"父债子还"的否定。当然，

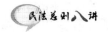

现代责任并不完全否定连带责任，但连带责任只有在法律（法规规章不可以设定连带责任）明确规定或合同约定的情形方可成立。只不过，近年来的立法中，出现了越来越多的连带责任规定，比如《食品安全法》、《广告法》等法律。第三，现代法律责任更多地体现为财产责任。与古代社会动辄诉诸人身罚的刑事责任不同，现代法律责任更多地通过财产责任矫正违法违规行为。第四，现代责任越来越多地体现为有限责任。公司的有限责任技术是近代的重大发明，并在现代社会得到了淋漓尽致的发挥。同时，现代责任的有限性还通过破产（包括个人、政府破产，这在我国还没有建立起来）制度体现出来。

二、遇事别紧张，三、四步可基本判断侵权损害赔偿责任之有无

在现代社会，交通事故、食品事故、产品事故、环境污染事故等各类事故频发，我们有时是受害者，有时是施害者。作为受害者，总觉得别人应当承担责任，但又怕别人不承担责任；作为施害者，生怕承担责任，尤其是过重的赔偿责任。因此，每当遇到事情，尤其是突发事故，总会慌张万分、不知所措，不能客观、理性对待。

其实，侵权损害赔偿责任虽然类型繁多、责任规定各异，比如侵权责任法明确规定的侵权责任类型有一般侵权责任和特殊侵权责任。一般侵权责任实行过错责任，即受害人要让加害人承担损害赔偿责任，首先须证明加害人有过错。而特殊侵权责任实行过错推定

或无过错责任，将原本应当由受害人举证证明加害人有过错的责任倒置由加害人证明自己没有过错，或者干脆规定不问加害人是否有过错即承担责任。侵权责任法规定的特殊侵权责任又有产品责任、机动车交通事故责任、医疗损害责任、环境污染责任、高度危险责任、饲养动物损害责任、物件损害责任，不同的侵权责任类型法律规定的责任构成要素也不一样，真有令人眼花缭乱之感，非法律专业人士恐不易掌握。然而，万变不离其宗，也有简单识别纷繁复杂的世界之法，即侵权责任有无的"三、四步识别法"。

所谓判断侵权责任有无的"三、四步识别法"，是指侵权责任的判定可以基本按以下三、四个前后相继的步骤完成：第一步，区分该侵权行为是一般侵权还是特殊侵权，如果归属于《侵权责任法》规定的某一特殊侵权类型，就对照该类型的侵权责任规定条文，逐一对照确定。比如，八达岭野生动物园老虎咬人事件，就应当对照侵权责任法第十章"饲养动物损害责任"的规定，从中很容易发现该适用其第八十一条规定："动物园的动物造成他人损害的，动物园应当承担侵权责任，但能够证明尽到管理职责的，不承担责任。"第二步，如果不属特殊侵权类型，就应看是否有损害，且损害是不是加害人造成的，也就是说损害和加害人的行为之间是否存在因果关系。一般情况下，因果关系好判断，但也有些特殊情形，比如环境污染损害、食品事故等，如果没有专业机构检测鉴定，很难证明。现代社会的有些损害后果潜伏期长（比如有些药物致害、环境致害）、致害原因复杂，要证明因果关系的存在需要借助于专业技术设备。第三步，加害人是否有过错。侵权责任的主

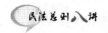

要形态是过错责任，除非法律有特殊规定。一般情况下，加害人只对他的过错行为向受害人承担损害赔偿责任。而过错的判断主要看加害人是否违法，是否违反了一般人的注意义务。第四步，加害人是否有抗辩事由。主要的抗辩事由是行使职权行为、不可抗力、正当防卫、紧急避险、受害人同意、受害人有过错等。需要指出的是，以上几个判断步骤是前后相继的，如果第二步判断的结果是不存在损害或因果关系，责任就当然不成立，就没有进一步判断的必要。之后的判断亦然。此外，需要特别提醒的是，一般情况下不可抗力是加害人不承担责任的抗辩事由，但在特殊侵权，甚至不同的特殊侵权，关于不可抗力的规定都不一致，需要根据具体侵权类型判定。比如，民用核设施发生核事故造成他人损害或者民用航空器造成他人损害的，即使核事故和民用航空事故是由不可抗力造成的，也不免除责任人的责任。

三、不惧怕风险，但也应学会识别、控制风险

现代社会是个风险社会，每个人不可能生活在无风险状态。因此，正确的态度是准确识别风险、控制风险。

笔者在仲裁实践中遇到过这样的一个案件，基本案情大概是：2008 年 5 月，张三从李四那里买了一套二手房（价款 90 万元），双方合同约定产权过户之日起 30 日内李四迁出所有登记在该房屋的户口，否则每日承担已付房款总额万分之五的违约金。合同签订后 2 个月，双方办妥了产权过户手续。2013 年 7 月，张三将该房屋转卖给了王五（价款 350 万元），双方同样约定产权过户之日起

30 日内李四迁出所有登记在该房屋的户口，否则每日承担已付房款总额万分之五的违约金，合同签订 3 个月后，双方同样办妥了产权过户登记手续。2016 年 8 月，王五在将自己家人的户口迁入所买房屋时，才发现李四一家的户口还在该房屋，尤其是还有一个学龄前儿童的户口。由于担心原户主户口的存在影响自己孩子就近上学和未来房屋的转让，王五在多次催办张三和李四迁出户口未果的情况下，向法院提起诉讼要求迁出李四一家的户口并根据合同约定承担接近 200 万元的违约金。此时，张三才意识到问题的严重性，他认真根据合同计算了一下，如果严格按照合同执行，他要向王五承担接近 200 万元的违约金损失，但他只能向李四主张 100 多万元的违约金赔偿；而且如果李四迟迁出户口一日，他要向王五每日承担约 1500 元的违约金，但他只能向李四主张每日不到 500 元的违约金赔偿。这个案件目前还没有最终结果，最终张三可能多付出多少违约金还无从得知。但这一案例却告诉我们签订合同时审慎确定违约风险的重要性。实践中，好多当事人在签订合同时并不认真，对于合同履行过于乐观，对于约定的违约责任也满不在乎。合同履行过程中，对于合同是否履行或者完全履行关注不够，对可能招致的法律责任更是没有认真识别，结果导致"祸从天降"之后，只能被动承受。

刚才的故事讲的是违约风险，其实，实践中的事故等侵权风险也是非常大的，北京、上海、广州、深圳等大城市，一起严重交通事故的损害风险动辄百万，且不说产品质量风险、食品安全风险。然而，从实践来看，多数人对于风险并没有一个清晰的认识，对于

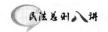

如何识别、管理风险基本没有概念。结果，没事则已，一旦有事就倾家荡产。可是，普通的社会成员如何承担如此巨大的风险呢？现在的公司都特别强调风险管理，即通过风险识别，根据风险的大小和发生的可能性，将风险予以类别化，然后根据公司的风险偏好和承受能力，分别选择避免风险、预防风险、自保风险和转移风险等风险管理方法。生活在现代风险社会的个人，也应当逐步树立风险管理意识。为此，特别建议：

第一，要有风险识别意识。风险在哪里？风险管理的前提是要知道可能的风险点。普通百姓的生活，从"柴米油盐酱醋茶"到购房置业、重大投资，其风险显然不同。我们没有必要为一般"柴米油盐酱醋茶"去斤斤计较，但必须为自己的重大决定负责。从笔者所提供法律服务的情况来看，好多人并不在乎合同的签订，当然也不懂得如何审查合同。其实，合同有一页纸的，也有几十成百页的。简单并不意味着没有风险，复杂也不意味着没有头绪可以理。一个市场交换行为一般都由四个方面构成，分别是交换的主体、交换的对象、交换的工具、交换的责任。主体就是合同的双方当事人，对象就是交换的权利，交换的工具主要是合同，交换的责任主要是违约责任。对于普通百姓来讲，不管合同是复杂还是简单，核心者无非这四点，因此，可以从这几个角度分别考察：（1）你在和谁做交易？你的对手是谁这个问题如同你找的对象是谁一样的重要。俗话说"女怕嫁错郎"，讲的就是这个道理。你在和谁做交易这个问题，需要你明白你的交易对手是自然人，还是公司、合伙等组织。如果是公司，就登录"国家企业信用信息公示系统"（http：//www. gsxt. gov. cn/index. html），看看其设立人情况、股权变更情况、资产负债情况、经营是否正常等；如果是合伙，不仅要看合伙企业，还要看合伙人的构成以及各合伙人的责任承担方式，因为合伙内部，还有普通合伙企业和特殊合伙企业之分，在特殊合伙企业，不仅有普通合伙人，还有有限合伙人，实践中甚至存在一般有限合伙人和优先有限合伙人的复杂结构设计。有些人买房子，在没弄清楚这房子是家庭或夫妻共有财产还是个人财产的情况，就贸然签订合同、交付定金，结果因为房屋共有人不同意签字而使交易无法推进。（2）你在买什么或者卖什么？我们买一个金手镯可能需要考虑是不是真金、成色如何等问题，本来这不应该是问题，可是，大千世界无奇不有，真有好多善良的人是在没有弄清楚交易的对象是什么的情况下已经开始了交易谈判甚至成交。温州住宅国有土地使用权期满自动续期事件中，王女士根本没有考虑到她买的对象除了房屋所有权之外，还有国有土地使用权，而这个国有土地使用权是有期限限制的；有些人买房子或受让土地，不知道房子或土地的产权性质、土地的用途、房子或土地上是否有抵押负担或者租赁等债权负担，就谈判签署合同，结果上当受骗在所难免。（3）你的合同有效吗？签订了合同并不必然意味着合同有效。合同可能因为违法而无效，比如贩卖人口、器官、枪支弹药、毒品的合同就是无效的；合同可能因为双方意思表示不真实而无效，比如双方串通起来签订合同损害国家、集体或第三人利益；合同可能因为欺诈、胁迫、重大误解以及利用对方危困状态等而可撤销、可变更；合同还可能因为代理人无权代理、附条件、附期限等而效力待定；

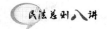

等等。面对如此复杂的情况，作为合同的一方当事人，真有必要好好考虑一下合同是否有效这个问题，因为合同生效是合同履行的前提，也是让对方承担违约责任的前提。（4）违约的后果是什么？合同虽然已经生效，并不必然意味着合同一定能够得到履行，且不说发生不可抗力等特殊情况，就是不发生特殊情况，合同对方有可能故意不履行，比如合同签订后，房屋价格大涨，这时好多人选择了不履行。

第二，要有风险评估意识。仅仅知道风险的存在是不够的，要进行有效风险管理，需要对风险进行科学评估。房屋买卖，你不仅需要识别可能的违约风险，还需要更进一步对风险的大小及发生的概率进行评估。比如，如果你是买方，就需要明白对方不履行时你有没有有效合法的制约手段，合同约定的违约金是否足以促使对方老老实实地履行合同；如果你是卖方，你如果真想突破诚信的道德底线，那至少也得算计一下不履行的可能后果。如果你购买了机动车，就要对交通事故风险作出评估。从实践来看，驾驶机动车发生交通事故的风险是比较大的，尤其是新手上路。这里的风险不仅可能是自己车辆的损坏，他人车辆的损坏，还可能是更为严重的人身伤亡。车辆损失的风险因车辆价值不同而相去甚远，人身伤亡的损害赔偿风险也因地域的不同而差别很大，发达地区人的"命价"动辄百万元，而落后地区可能就二三十万元。

第三，要有风险控制意识。识别风险、评估风险之后，就应当对风险如何处置予以安排。如何对待或处置风险，不仅取决于风险的大小（风险发生的概率和风险的大小），而且与风险主体的风险偏好有关。因此，风险如何控制，不仅取决于风险的识别、评估，还与每个人的风险偏好、风险承受能力等有关。但无论如何，都应当是理性思考之后的决策。敢于冒险者与风险厌恶者的差别自然不会小，即使是同类之人，也会选择不同的风险应对办法。可能的办法是风险自留、风险避免、风险转移等。保险是转移风险的选项之一，其中包括损失保险、责任保险、保证保险、信用保险等不同类型，每个人应当根据自己的具体需要，选择投保不同的保险产品。

四、莫让英雄流血又流泪

我们常说要助人为乐，但是没有解释助人为何可以为乐。从个体的角度看，助人之所以为乐，是因为"赠人玫瑰，手有余香"。这种快乐源于自我价值的体现，源于别人的尊重。从社会整体的角度看，助人之所以为乐，是因为"我为人人，人人为我"，今天你伸出援助之手，明天你遇到困难，也会有人热情相助。这种快乐源于一种温暖、和谐的社会氛围。正因为如此，"救人于水火之中，帮人于危难之时"成为中华民族长期以来形成的优良传统之一。

（一）助人为"祸"

倘若助人不仅不能为乐，然而要惹祸上身，那么人们日后面对他人危难之时，会是什么态度呢？且让我们先来看一看南京一位彭先生的遭遇。按照彭先生向媒体的投诉称：2006 年 11 月 20 日上午 9 点左右，他乘坐 83 路公交车，在南京水西门广场站下车。他第一个走下了车，看到一位老太太倒在离站台不远的地方。出于好心，他忙上前将其扶起。当时，老太太也连声道谢。事发时，现场

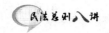

有一名陈先生也过来帮忙，一起将老太太搀扶到路边。由于老太太的儿子提出，待会儿到医院，他又要挂号又要扶着母亲，怕忙不过来，问彭先生能不能帮忙帮到底，一同去医院。于是，彭先生就同意了。不曾想到，当老太太及家人得知其胫骨骨折要花费数万元医药费时，异口同声指责其撞了人，要其承担数万元医疗费。这一事件在老太太那里的版本则是，老太太认为自己亲眼看到是彭先生撞到自己的。当时她在车站赶后面一辆83路公交车，从前面一辆车后门窜下来的彭先生将其撞倒。老太太向彭先生索赔未果后，遂向鼓楼区法院起诉，要求其赔偿各项损失13万多元。

一审法院认定，原告系与被告相撞后受伤。理由主要有二。一是，原、被告双方在庭审中均未陈述存在原告绊倒或滑倒等事实，被告也未对此提供反证证明，故而本案应着重分析原告被撞倒之外力情形。法院认为，人被外力撞倒后，一般首先会确定外力来源、辨认相撞之人，如果相撞之人逃逸，作为被撞倒之人的第一反应是呼救并请人帮忙阻止。本案事发地点在人员较多的公交车站，是公共场所，事发时间在视线较好的上午，事故发生的过程非常短促，故撞倒原告的人不可能轻易逃逸。"根据被告自认，其是第一个下车之人，从常理分析，其与原告相撞的可能性较大"。法院认为，"如果被告是见义勇为做好事，更符合实际的做法应是抓住撞倒原告的人，而不仅仅是好心相扶；如果被告是做好事，根据社会情理，在原告的家人到达后，其完全可以在言明事实经过并让原告的家人将原告送往医院，然后自行离开，但被告未作此等选择，其行为显然与情理相悖"。

二是，被告在事发当天给付原告二百多元钱款且一直未要求原告返还。法院认为，"根据日常生活经验，原、被告素不认识，一般不会贸然借款，即便如被告所称为借款，在有承担事故责任之虞时，也应请公交站台上无利害关系的其他人证明，或者向原告亲属说明情况后索取借条（或说明）等书面材料"。

法院进一步认为，在彭先生和老太太相撞是事实的情况下，由于双方是在赶车和下车短暂时间发生的碰撞，双方均无过错，因此判令彭先生赔偿老太太四万余元的损失。

如此的判决对于自认为是做好事的彭先生来说，当然是十分不服。彭先生因此大呼："我也不知道这一扶，会惹出这么多麻烦来！"

如果真的是彭先生撞了老太太，应该说让彭先生承担法律责任并没有什么错误。只是，法院对于事实的认定似乎并不能让公众信服，以至于判决一出，舆论哗然，纷纷认为法院滥用司法自由裁量权。

细细品味法院的判决，看得出倒也是经过一番推敲得出来的结论。只不过，似乎仍然存在诸多的疑点，不能完全让人心服口服。首先，虽然原、被告双方在庭审中均未陈述存在原告绊倒或滑倒等事实，被告彭先生也未对此提供反证证明，但是并不能因此就排除原告是绊倒或者滑倒的情况。很简单，原告起诉要求彭先生赔偿，自然即使是自己被绊倒或者滑倒也不可能自己承认；被告认为自己是助人为乐，在下车之后发现原告倒在地上而帮忙扶起来，并不知道原告如何倒地，如何可能提出反证的证明，况且这也不是被告的

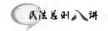

义务。其次，法院认为，人被外力撞倒后，一般首先会确定外力来源、辨认相撞之人，如果相撞之人逃逸，作为被撞倒之人的第一反应是呼救并请人帮忙阻止。本案事发地点在人员较多的公交车站，是公共场所，事发时间在视线较好的上午，事故发生的过程非常短促，故撞倒原告的人不可能轻易逃逸。法院显然是要以此来认定，老太太没有高声呼救是因为已经找到了撞倒自己的彭先生。但是，反过来为何不可能是老太太自己摔倒了，所以没有高声呼救呢？再次，法院认为，"如果被告是见义勇为做好事，更符合实际的做法应是抓住撞倒原告的人，而不仅仅是好心相扶；如果被告是做好事，根据社会情理，在原告的家人到达后，其完全可以在言明事实经过并让原告的家人将原告送往医院，然后自行离开，但被告未作此等选择，其行为显然与情理相悖"。法院的这种认定似乎也可以说"与情理相悖"，见人摔倒，本能的反应应当是扶起摔倒在地的人，而不是去追冲撞的人吧。况且，法院已经认定，老太太当时并没有大声呼救，彭先生又是刚下车，不知要让彭先生追谁呢？至于法院以彭先生垫付医药费作为证据认定彭先生乃是自己承认撞坏了老太太所以先行赔偿，似乎也没有太充足的理由。不过，我们没有从判决中得到太多的关于付款的细节，故而无从加以评论。

　　之所以详细解读法院的判决，并不是我们一定要为彭先生证明他确实没有撞老太太，而是因为本案的判决，不免让人忧心忡忡。从上述对于判决书的分析可以看出，按照该案判决的逻辑，如果你没办法证明对方是自己倒地，那么你有可能会被认定为是撞人的人。如果你的第一反应只是帮忙扶起来，而不是去追逐撞人者，你也可能会因此被认为撞了人。如果你先行支付医药费，除非你先找一个证明人，说明你并不是在支付赔款，否则你还可能因此而被认为是自己默认撞了人。

法院的判决也许并非完全没有道理，但是这样的判决是不是会让我们的社会变得更加冷漠，人与人之间仅存的一点信任将可能荡然无存。人们对处于危难中的陌生人将更不敢伸出援手，理性的选择应当是袖手旁观。到了那个时候，哀叹世态炎凉，"世风日下，人心不古"，还不如反省社会的制度环节是否出了什么问题，以至于人们会毅然割舍善良的秉性，放弃日后获得他人救助的机会呢？

（二）圣人的智慧

如何对待助人为乐，两千年以前孔圣人早有教导。据《吕氏春秋》的记载，"鲁国之法，鲁人为人臣妾于诸侯，有能赎之者，取其金于府。子贡赎鲁人于诸侯，来而让，不取其金。孔子曰：'赐失之矣。自今以往，鲁人不赎人矣。取其金则无损于行，不取其金则不复赎人矣。'子路拯溺者，其人拜之以牛，子路受之。孔子曰：'鲁人必拯溺者矣。'孔子见之以细，观化远也。"

意思是说，鲁国的法律规定，如果有人在其他国家看到有鲁国人沦为奴隶，则可以先把他赎买回来，然后到政府那里去报销赎回国人的费用。一次，孔子的学生子贡，从别国赎回了一个奴隶。虽然按照规定可以向官府报销，但子贡认为这样做并不道德，因此拒绝从官府那里报销费用。虽然别人都夸赞子贡的道德高尚，而孔子知道了，批评子贡说："端木赐（子贡的名字），你这样做就不对了。从今以后，鲁国人就不肯再替沦为奴隶的本国同胞赎身了。你

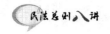

收回国家抵偿你的赎金，不会损害你的行为的价值；你不拿国家抵偿的赎金，以后再也不会有人去赎回鲁国的同胞了。"

又有一回，孔子的一个学生子路救起了一个落水的人，这个获救者于是酬谢给子路一头牛，子路很高兴就收下了。自然会有很多人指责这学生的道德不高尚。孔子却表扬了子路，说："从此以后，鲁国人都会去拯救落水之人。"

《吕氏春秋》把孔子的这两个小故事放在"察微"这一段中，并且指出"孔子见之以细，观化远也"。今天，我们也不能不佩服圣人的高瞻远瞩。诚然，子贡用自己的钱财把同胞从别国赎回，又不肯到官府那里去报销费用，品德十分高尚。但是孔子并不是从单个行为来判断是非，孔子想到的是，其他人并不一定都像子贡那样不在乎这笔赎金，也许付出赎金就会影响他本人的生活。由于子贡为这些人设定了很高的道德标准，后来的人就不好再去向官府报销费用。于是人们出于自身利益的考虑，反而会对沦落在异国他乡的同胞视而不见，以免自己白白掏出赎金。这样，子贡不是拯救了那些落难的同胞，反而是减少了他们获救的机会。同理，对于拯救溺水之人，如果子路不肯接受被救者的酬谢，那么虽然设定了很高的道德标准，但是反而让人们觉得这样的行为划不来，不肯去做，整体而言降低了溺水之人获救的可能性。

冯梦龙在他的《智囊》里记载孔子针对这两件事还说，"夫圣人之举事，可以移风易俗，而教导可施于百姓，非独适己之行也"。就是说，圣人更加注意的是引导百姓的行为，而不是仅仅看重自己的举止。孔子之所以对我们看起来十分高尚的行为加以批评，就是因为他认识到脱离现实的"高尚"反而会成为海市蜃楼抑或空中楼阁。法律制度也是这样，需要的是让社会的芸芸众生接受，而不仅仅是为贤良君子所赞赏。法律支持社会的道德规范，但就如鲁迅先生曾说："道德这事，必须普遍，人人应做，人人能行，又于自他两利，才有存在的价值。"法律并不需要刻意地去树立凡人不可触及的道德楷模或者褒扬凡人无法到达的道德境界。

（三）**法律的权衡**

我们已经知道法律应当保护人们助人为乐的精神，同时也知道法律不应当过分追求高尚情操。作为一种权衡，《民法通则》第九十三条规定，"没有法定的或者约定的义务，为避免他人利益受损失进行管理或者服务的，有权要求受益人偿付由此而支付的必要费用"。《民法总则》坚持同样的立场，其第一百二十一条规定："没有法定的或者约定的义务，为避免他人利益受损失而进行管理的人，有权请求受益人偿还由此支出的必要费用。"这就是说民法承认，一个人在没有法定或者约定的情况下可以管理他人的事务，虽然这并没有事先获得他人的同意，但是由于这种管理是为了避免他人的利益受到损失，因此不构成一项侵害他人的行为。与此同时，帮助他人的人可以从本人那里获得必要的补偿，以填补自己所支出的费用和受到的损失。

值得注意的是，民法上并不承认管理人有因此而从本人那里获得报酬的权利。也许有细心的读者马上就会提出疑问，这样子岂不是不符合孔圣人的教导，孔夫子明显是赞同接受别人的报酬的。其实，民法上的这一规定"无违夫子"。在子贡的这个案例当中，子贡

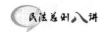

支出的赎金属于支出的费用，按照现代民法自然应当获得补偿。而在子路的案例当中，子路并没有主动让被救者给自己酬谢。从民法的角度看，子路也不可以请求被拯救的人给他报酬，因为这并不属于子路为了救人而付出的费用。但是民法也没有禁止子路在被救之人主动答谢的情况下，接受被救者所给的酬谢。孔夫子同意的也正是子路完全可以接受被救者给予的酬谢，而不必感到什么不道德。

可惜的是，某些情况下，我国法律没有将我们分析得出来的上述法律逻辑贯彻到底。《民法通则》第一百零九条规定："因防止、制止国家的、集体的财产或者他人的财产、人身遭受侵害而使自己受到损害的，由侵害人承担赔偿责任，受益人也可以给予适当的补偿。"按照这一规定，防止、制止国家的、集体的财产或者他人的财产、人身遭受侵害而使自己受到损害的，或者通常讲叫作"见义勇为"的人，应当向侵害人请求赔偿自己因此受到的损害。作为受益人，仅仅是"可以"给予"适当"的补偿。只是这种基于受益人意愿的"适当"的补偿往往不见踪影，致使英雄常常"流血又流汗"。据报载，2003年，广西的韦兆安在珠海当保安时，面对抢包歹徒，挺身而出，勇擒歹徒，却身中三刀，昏迷不醒，经过了三次手术才脱离危险。他从此落下了病根，经常肚子疼得痛不欲生。由于家境贫寒，他把一万元见义勇为的奖金也给了家里，在自己的医疗费用没有着落的情况下，韦兆安从南宁一个医院的高楼上跃身跳下。这位勇斗歹徒的英雄到头来却没有办法拯救自己年轻的生命，令多少旁人扼腕叹息，长叹不已。与韦兆安遭遇相同命运的还有吉林的胡茂东、江苏的许勇锋等。

最高人民法院制定的《关于审理人身损害赔偿案件适用法律若干问题的解释》第十五条规定："为维护国家、集体或者他人的合法权益而使自己受到人身损害，因没有侵权人、不能确定侵权人或者侵权人没有赔偿能力，赔偿权利人请求受益人在受益范围内予以适当补偿的，人民法院应予支持。"显然，最高法院的这一规定稍稍放宽了《民法通则》的限制。根据《民法通则》的规定，见义勇为者首先应当去寻找加害人，受益人只是"可以"给予适当补偿。然而，就像最高人民法院司法解释里所描述的那样，可能并没有加害人，例如山洪暴发导致国家、集体、他人的人身和财产受到危害；也可能不能确定侵权人，例如抢劫财物的罪犯可能已经跑得无影无踪，即使警察也无法把他们绳之以法；还有可能侵权人没有赔偿能力，即使加害人得以确定，但是他家徒四壁，专以为非作歹为营生，并没有攒下几个钱。此时如果严格恪守《民法通则》的字面意思，要求见义勇为者一定要向加害人索取赔偿，只能是对英雄的落井下石。最高人民法院允许此时可以让见义勇为者转向受益人，要求受益人给予适当的补偿，可以宽解英雄的窘迫。

但依笔者看，英雄纵然义薄云天，浩气长存，但是英雄同样需要呵护，英雄的家人更需要英雄的照顾，即使英雄无法受到英雄般的厚待，作为最低的要求，受益于英雄之人应当有义务补偿英雄受到的损失。只有这样，我们大家每一个人的内心深处那盏见义勇为、匡扶正义、扶危济困的薪火才不会日渐微弱，而是能够在心灵里永驻，并且代代相传，永不灭失。可喜的是，《民法总则》对《民法通则》的上述规定作了微调，其第一百八十三条规定："因

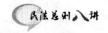

保护他人民事权益使自己受到损害的，由侵权人承担民事责任，受益人可以给予适当补偿。没有侵权人、侵权人逃逸或者无力承担民事责任，受害人请求补偿的，受益人应当给予适当补偿。"从而一定程度上弥补了上述缺憾。而且，为了免除救助人可能的责任负担，《民法总则》第一百八十四条规定："因自愿实施紧急救助行为造成受助人损害的，救助人不承担民事责任。"这就意味着，《民法总则》从三个方面对见义勇为行为给予了较为周全的保护，一是必要费用的偿还请求权；二是自身损害的请求赔偿或补偿权；三是可能招致责任的免除。

案例解析

案例一：八达岭野生动物世界老虎伤人事件

本案是一起典型的违约责任、侵权责任竞合（竞合指两种责任可同时成立）案件。不管本案中的八达岭野生动物世界最终是否承担责任，本案的原告既可以基于被告违约提起诉讼，也可以基于被告侵权提起诉讼。因为，本案的事故受害人与八达岭野生动物世界之间因为购票、签署协议等行为产生合同关系，根据合同约定，八达岭野生动物世界有安全保障义务，在造成 1 死 1 伤后果的情况下，原告有权提起违约诉讼，至于八达岭野生动物世界是否已经尽到安全保障义务，则属法院审查范围。此外，八达岭野生动物世界饲养的老虎造成 1 死 1 伤的后果，死者家属和伤者当然有权以生命、健康权受侵害为由起诉八达岭野生动物世界构成侵权。在原告既可以主张违约责任，也可以主张侵权责任的情形下，原告就有权在这二者中进行有利于自己的选择。一般来讲，原告主张违约责任的举证责任负担较轻，但赔偿范围会小一些，主要表现在很难获得精神损害赔偿，而主张侵权责任正好相反。但在饲养的野生动物侵权的场合，由于侵权责任法规定此时野生动物园应当承担举证证明自己已经尽到管理职责，也就是说法律将一般侵权情形本应由原告承担的举证责任规定由被告承担（这叫举证责任倒置），从而大大减轻了原告的举证负担，加之原告主张侵权责任可以请求精神损害赔偿，所以本案的原告选择了有利于自己的侵权诉讼。

关于本案的责任认定。学者、律师有不同看法，有主张被告没有完全尽到管理职责，因而不能免责的；也有主张被告已经尽到管理职责，因而无须承担赔偿责任。至于造成分歧的原因，主要在于对于事实的认定是否能够推导出被告已经尽到安全保障义务，这里无意对此作出进一步评论。需要强调的是：第一，类似本案被告的营业机构，即使与原告签订相关协议完全免除自己的责任，并不能完全保证自己真的不承担责任。《合同法》第四十条规定："提供格式条款一方免除其责任、加重对方责任、排除对方主要权利的，该条款无效。"《合同法》第五十三条也规定"（一）造成对方人身伤害的；（二）因故意或

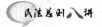

者重大过失造成对方财产损失的"属于合同中无效的免责条款。第二，鉴于消费者往往因为合同复杂、不易理解、时间紧张等原因不会认真阅读合同条款的现实，类似被告的格式合同提供者应当对合同中影响消费者权益的重要条款给予明确提示。八达岭野生动物世界在该事件发生后能够总结经验教训，在新协议中对一些重要条款通过画下划线并加粗的方式给予明确提示，一方面是对消费者负责的举动，另一方面也是有效分散自己风险的举措。在现代市场经济，契约是当事人安排自己事务的有效手段，国家机关、社会组织和企业等，应当重视契约、善用契约。

案例二：邱少华诉孙杰、加多宝（中国）饮料有限公司一般人格权纠纷案

北京市大兴区法院于 2016 年 7 月 15 日公开开庭审理了此案。法院审理认为，根据侵权责任法和最高法院的相关司法解释，邱少云烈士生前的人格利益仍受法律保护，邱少华作为邱少云的近亲属，有权提起本案诉讼。孙杰发表的言论将"邱少云烈士在烈火中英勇献身"比作"半边熟的烤肉"，是对邱少云烈士的人格贬损和侮辱，属于故意的侵权行为，且该言论通过公众网络平台快速传播，已经造成了严重的社会影响，伤害了社会公众的民族和历史感情，同时损害了公共利益，也给邱少云烈士的亲属带来了精神伤害。虽然孙杰发表的侵权言论的

原始微博文章已经删除且孙杰通过微博予以致歉，但侵权言论通过微博已经被大量转载，在网络上广泛流传，已经造成了严重的社会影响，因此，应在全国性媒体刊物上予以正式公开道歉，消除侵权言论造成的不良社会影响。加多宝公司发表的涉案言论在客观方面系与孙杰的侵权言论相互呼应且传播迅速，产生较大负面影响；主观上，加多宝公司在其策划的商业活动中应尽到审慎的注意义务，加多宝公司应当对孙杰发表的影响较大的不当言论进行审查而未审查，存有过错，因此，亦应承担侵权责任。但是，由于孙杰和加多宝公司已经主动删除原始侵权言论，因此只能通过赔礼道歉、消除影响的方式消除侵权所造成的后果，判决：孙杰、加多宝公司于判决生效后三日内公开发布赔礼道歉公告，公告须连续刊登五日；孙杰、加多宝公司连带赔偿邱少华精神损害抚慰金1元。一审判决后，双方当事人均未上诉。

最高人民法院在关于该案的"典型意义"中指出，本案是恶意诋毁、侮辱民族英雄和革命先烈，侵害其人格利益的典型案件。这一判决，维护了民族英雄和革命先烈的合法权益，对于以侮辱、诋毁民族英雄和革命先烈的人格为手段，恶意商业炒作获得不法利益的侵权行为，具有鲜明的警示意义。

值得注意的是，刚刚颁布的《民法总则》第一百八十五条规定："侵害英雄烈士等的姓名、肖像、名誉、荣誉，损害社会公共利益的，应当承担民事责任。"对于该条规定，各界有一定争论，主要的疑问是：死人是否有姓名、肖像、名誉、荣誉等权利？法律上对所谓死者名誉等的保护究竟是出于保护死者的需要，还是保护死者近亲属的需要？侵害非英雄烈士的死者的姓名、肖像、名誉、荣誉是否应当承担民事责任？侵害英雄烈士等的姓名、肖像、名誉、荣誉，不损害社会公共利益的，是否应当承担民事责任？侵害英雄烈士等的姓名、肖像、名誉、荣誉，损害社会公共利益的，应当由谁提起诉讼？与上述案件中，邱少云之弟基于近亲属身份、对自身和公共利益伤害提起诉讼不同的是，《民法总则》第一百八十五条的上述规定仅仅规定了"侵害英雄烈士等的姓名、肖像、名誉、荣誉"，并"损害社会公共利益"情形的民事责任，这就留下了很多需要未来的立法或相关解释予以明确的问题，比如，英雄烈士范围、保护期限、起诉主体、责任承担方式以及类似上述案例情形有权起诉主体之间的协调等。此外，在解决英雄烈士权利保护问题的同时，也应当一并回答非英雄烈士是否有相关权利以及如何保护的问题。

第八讲

时间就是权利的生命——诉讼时效

✎ 法律名言

　　放弃自己的自由，就是放弃自己做人的资格，放弃人类的权利，甚至于是放弃自己的义务。一个人放弃了一切，是不可能有任何东西作补偿的。这样一种放弃与人的本性不相容，使自己的意志失去全部自由，就等于使自己的行为失去全部道德价值。

——［法］卢梭

　　法律就是秩序，有好的法律才有好的秩序。

——［古希腊］亚里士多德

　　法律不保护躺着权利上睡觉的人。

——西方法谚

　　时间就是金钱。

　　一寸光阴一寸金，寸金难买寸光阴。

要点提示

● 有些权利也有保质期，过了保质期的权利有可能得不到法院保护，这就是民法上的诉讼时效制度。

● 诉讼时效有一般诉讼时效、特殊诉讼时效和最长诉讼时效之分。《民法通则》规定的一般诉讼时效期间是二年，《民法总则》将这一期间延长为三年，这是一个重大变化。

● 《民法通则》规定诉讼时效期间从知道或者应当知道权利被侵害时起计算，《民法总则》规定诉讼时效期间自权利人知道或者应当知道权利受到损害以及义务人之日起计算。这一改变非常有利于保护权利人。此外，未成年人遭受性侵害的损害赔偿请求权的诉讼时效期间，自受害人年满十八周岁之日起计算。

● 在诉讼时效期间的最后六个月内，发生不可抗力等导致权利人不能行使请求权的，诉讼时效中止。

● 权利人向义务人提出履行请求、义务人同意履行义务、权利人提起诉讼或者申请仲裁等可使诉讼时效中断。诉讼时效中断后，时效期间重新计算。当然，是否出现导致诉讼时效中断的事由，需要证据证明，这就意味着权利人需注意收集并妥当保存可证明时效中断的证据。

● 诉讼时效届满的后果是：义务人可以提出不履行义务的抗辩，但法院不得主动适用诉讼时效的规定；诉讼时效届满后，义务人同意履行的，不得以诉讼时效届满为由抗辩；义务人已自愿履行的，不得请求返还。

讨论案例

案例一：孙悟空大闹天宫后，被如来佛祖压于五指山下五百年。

思考问题

假设孙悟空以侵犯其人身自由为由请求如来佛祖承担侵权责任，玉帝以孙悟空大闹天宫侵犯其财产权为由请求孙悟空承担侵权责任，按照今天的法律，法院该如何处理？

案例二：陈世美与秦香莲为夫妻，育有儿女一对。陈世美进京赶考，三年杳无音信。秦香莲随后到京城寻找丈夫。秦香莲找到陈世美后，一纸诉状将他告到了开封府，要求陈世美承担对子女的各项抚养费，陈世美抗辩说已经过诉讼时效了。

思考问题

若包大人按照今天的法律审理案件，将如何处理？

✎ 主要内容

一、什么是诉讼时效

诉讼时效是指请求权人在法定期间内持续不行使其权利，义务人即取得永久性抗辩权的法律制度。诉讼时效在国外被称之为消灭时效，关于诉讼时效的适用对象或者说是消灭时效的客体，各国法律规定有所不同。大体上有三种立法例：第一种立法例以债权及其他非所有权的财产权为消灭时效的客体。在此种立法体例下除了所有权之外，其他一切财产权均可因过了时效而归于消灭，如日本民法。第二种立法例则规定以请求权为消灭时效的客体，其代表者为德国民法与瑞士债务法。第三种立法例则规定消灭时效仅适用于债权一种，我国即属于此种立法例。

关于诉讼时效的期间，《民法总则》规定的诉讼时效期间为三年，而最长诉讼时效仍然沿袭了《民法通则》的二十年规定。最长诉讼时效的起算时间是从权利被侵害之日，且不再适用中止、中断的规定，也可以说是公权力对请求权予以保护的最长时间。

二、诉讼时效从什么时候起算

除最长诉讼时效从权利被侵害之日起算，其余的诉讼时效起算时间都采取了主观主义，即"知道或者应当知道权利受到损害以及义务人之日起计算"。由于该规定仍然过于抽象，即在实践中什么时候算是知道或者应当知道可能仍然会发生争议，因此我们对其

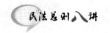

进行分类整理如下：

（一）合同之债的诉讼时效起算

在下列情况下，诉讼时效期间的计算方法是：

定有履行期限的债权，从履行期限届满之时开始计算。

未定履行期限的债权，从权利人向债务人请求并且给债务人的履行宽限期届满之日起算。若债务人在履行宽限期届满之前明确表明不予履行的，则从债务人拒绝履行之日起算。

附延缓条件的债权，从条件成就之时开始计算，但如果还定有履行期间，则从履行期限届满之时开始计算。附始期的债权，从始期到来之时开始计算，但如果还定有履行期限，则从履行期限届满之时开始计算。

当事人约定同一债务分期履行的，诉讼时效期间从最后一期履行期限届满之日起计算。

合同被撤销，返还财产、赔偿损失请求权的诉讼时效期间从合同被撤销之日起计算。

（二）侵权损害赔偿请求权的诉讼时效起算

关于人身损害赔偿的诉讼时效，伤害明显的，从受伤害之日起计算，伤害当时未曾发现，后经检查确诊并能证明是由侵害引起的，从伤势确诊之日起算。其他侵权从权利人知道或者应当知道加害人之日起算。

（三）不当得利返还请求权的诉讼时效起算

返还不当得利请求权的诉讼时效期间，从损失的当事人一方知道或者应当知道不当得利事实及具体得利人之日起计算。

（四）因无因管理而产生的请求权的诉讼时效起算

管理人因无因管理行为产生的给付必要管理费用、赔偿损失请求权的诉讼时效期间，从无因管理行为结束并且管理人知道或者应当知道本人之日起计算。本人因不当无因管理行为产生的赔偿损失请求权的诉讼时效期间，从其知道或者应当知道管理人及损害事实之日起计算。

（五）非完全民事行为能力人对法定代理人请求权的诉讼时效起算

无民事行为能力人或者限制民事行为能力人对其法定代理人的请求权的诉讼时效期间，自该法定代理终止之日起计算。之所以针对这种情况作出特殊的规定，是因为无民事行为能力人或者限制民事行为能力人行使权利需要通过其法定代理人，而其提起诉讼亦需要由法定代理人代理其提起诉讼，因而若无民事行为能力人或者限制民事行为能力人对于其法定代理人有请求权的，是无法通过诉讼等方式来行使的，故法律特别规定需从该法定代理关系终止之日起计算。法定代理关系终止，既可能是无民事行为能力人或者限制民事行为能力人取得了完全民事行为能力，也可能是基于法定代理人因不履行监护责任等原因而被撤销监护人资格等。此时亦开始计算诉讼时效，是因为新的法定代理人已经可以代理无民事行为能力人或者限制民事行为能力人向原法定代理人主张权利而不再存在利益冲突。

（六）未成年人遭受性侵损害赔偿请求的诉讼时效起算

未成年人遭受性侵害的损害赔偿请求权的诉讼时效期间，自受害人年满十八周岁之日起计算。之所这样规定，是因为未成年人对

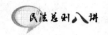

于性的认识远远不成熟，其遭受性侵后往往并不意识到是受到了侵害（往往是被成年人所诱骗），从而不向其父母等监护人说明；还有的是迫于性的神秘性和传统观念将性当作一个禁区而不敢向父母等监护人揭露被侵害的事实，因而导致其父母等监护人无法代理其提起诉讼，更不要谈及极端情况下其监护人对未成年人的性侵犯了。基于这样的考虑，我国《民法总则》适时地将该种请求权的诉讼时间起算点推迟至受害人成年即十八周岁之后开始起算，无疑是正确的。

三、诉讼时效可以暂停计算

诉讼时效在一定的情形下可以停止计算。诉讼时效停止计算在法律上被称为诉讼时效中止。所谓诉讼时效中止是指在诉讼时效期间进行的最后六个月内，因不可抗力或其他障碍致使权利人不能行使请求权的，诉讼时效暂时停止计算，待障碍事由结束后诉讼时效继续计算。若导致权利人无法行使权利的事由发生在最后的六个月之前，只要持续到最后六个月，那么从进入第六个月时起诉讼时效中止。诉讼时效在中止期间暂时停止计算，待该事由结束后继续计算，已经经过的诉讼时效期间仍然有效。依据《民法总则》第一百九十四条的规定，只要诉讼时效发生中止的，诉讼时效中止的原因消除之后，一律还有 6 个月的时间可以提起诉讼，当然也可以通过诉讼外的请求等方式行使自己的权利。依据《民法总则》第一百九十四条的规定，可以导致诉讼时效发生中止的事由主要有：（1）不可抗力。例如发生了特大地震、海啸、台风导致交通、通信中断等无法再行使权利的情形，那么如果该事件发生在诉讼时效还剩余六个月的期间，那么诉讼时效则暂时中止，等到恢复正常秩序之后则权利人还有六个月的诉讼时效。（2）民事行为能力欠缺之人没有适格的法定代理人。无民事行为能力人或者限制民事行为能力人没有法定代理人，或者法定代理人死亡、丧失民事行为能力、丧失代理权。这些情形，等到确定了新的法定代理人之后，新的法定代理人可以在六个月内代理无民事行为能力人或者限制民事行为能力人提起诉讼或者通过诉讼外的请求等方式行使权利，从而中断诉讼时效。（3）继承开始后未确定继承人或者遗产管理人。（4）权利人被义务人或者其他人控制。（5）其他导致权利人不能行使请求权的障碍。

四、诉讼时效还可以从头再来

诉讼时效在发生了一定事由时还可以重新起算，这个很重要。诉讼时效的重新起算在法律上或者法学理论上被叫作诉讼时效的中断。所谓诉讼时效中断是指在诉讼时效进行的过程中出现了与权利人不行使权利相反的事由，已经经过的诉讼时效归于无效，待该事由结束后诉讼时效重新开始计算的情形。也就是说，如果诉讼时效还没有过，那么权利人或者义务人实施了下面这些行为之一的，诉讼时效就会重新开始计算。所谓重新开始计算就是从这些行为结束之后再计算三年，以前经过的时间不再计算在内。之所以诉讼时效会中断，是因为诉讼时效从某种意义上而言其目的在于通过惩罚的方式督促权利人行使其权利，因此如果在诉讼时效还没有完成之前，权利人已经行使权利或者义务人已经同意履行义务，那么就不

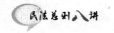

存在督促的必要性了，因此诉讼时效应当重新起算。诉讼时效中断的具体情形如下：

（一）权利人行使权利

1. 权利人起诉

提起诉讼是权利人行使权利最为强烈的表示，当然属诉讼时效中断的事由。

2. 权利人实施与起诉具有同一效力的行为

权利人实施的某些行使权利的行为，虽然不是起诉，但是其实质与起诉相同，具有相同的效力，因而也能导致诉讼时效中断。这些行为具体包括：申请仲裁、申请调解、申请破产、申请支付令、申请诉前财产保全、申请诉前临时禁令、申请强制执行、申请追加当事人或者被通知参加诉讼、在诉讼中主张抵销、为主张权利而申请宣告义务人失踪或死亡等。

3. 权利人于诉讼外提出请求

依据最高人民法院关于诉讼时效司法解释的规定，具有下列情形之一的，应当认定为"当事人一方提出要求"，产生诉讼时效中断的效力：（1）当事人一方直接向对方当事人送交主张权利文书，对方当事人在文书上签字、盖章或者虽未签字、盖章但能够以其他方式证明该文书到达对方当事人的；（2）当事人一方以发送信件或者数据电文方式主张权利，信件或者数据电文到达或者应当到达对方当事人的；（3）当事人一方为金融机构，依照法律规定或者当事人约定从对方当事人账户中扣收欠款本息的；（4）当事人一方下落不明，对方当事人在国家级或者下落不明的当事人一方住所地的省级有影响的媒体上刊登具有主张权利内容的公告的，但法律和司法解释另有特别规定的，适用其规定。

（二）义务人承诺履行

若义务人承诺予以履行，权利人往往信赖义务人的承诺而不再积极主动地行使其请求权，因而也应当使诉讼时效得以中断。除了义务人予以承诺外，下列这些行为亦可认定为义务人的承诺行为：义务人作出分期履行、部分履行、提供担保、请求延期履行、制定清偿债务计划等承诺或者行为等。

五、有没有不适用诉讼时效的权利

需要注意的是，并不是所有的权利都受诉讼时效的限制，依据我国《民法总则》第一百九十六条的规定，下列请求权不适用诉讼时效的规定：（1）请求停止侵害、排除妨碍、消除危险。这种情形是针对所有的绝对权所设的，绝对权包括人身权、物权、知识产权在内。这三种权利受到侵害后，权利人首先可以要求加害人停止侵害、排除妨碍、消除危险，而且不管加害人是否有过错，只要侵害到人身权就应当承担停止侵害、排除妨碍、消除危险的责任。如果侵害了物权，物权人要求停止侵害、排除妨碍、消除危险的权利被称之为物上请求权，《物权法》第三十五条是其请求权基础。但是需要注意的是，如果人身权、物权、知识产权等受到侵害后，权利人依据《侵权责任法》的规定请求侵权人承担损害赔偿、恢复原状等侵权责任的则仍然适用诉讼时效的规定。（2）不动产物权和登记的动产物权的权利人请求返还财产。物权受到侵害后的，

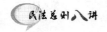

物权人依据《物权法》第三十四条的规定，物权人可以请求无权占有的人返还动产或者不动产，这也属于物上请求权的范围，因此原则上也不受诉讼时效的限制。但是依据《民法总则》第一百九十六条的规定，未登记的动产返还请求权则仍然要适用诉讼时效，只有不动产物权和登记的动产物权的权利人请求返还财产不适用诉讼时效。换言之，若我家的牛跑到别人家，被别人占有了，我在发现后三年没有向占有人请求返还，那么我请求返还的权利就过了诉讼时效。相反，若我家的房子在被别人占了，不管过了多少年我都可以请求他返还，而不会过了诉讼时效。（3）请求支付抚养费、赡养费或者扶养费。子女对于父母有请求支付抚养费的请求权，这种请求权是不适用诉讼时效的。同样，父母请求子女支付赡养费、夫妻之间相互请求支付扶养费的请求权都不适用诉讼时效。其目的在于这些请求权是基于身份伦理而发生的，并且是为了维护权利人之基本生存条件而设的，因此不适用诉讼时效。（4）依法不适用诉讼时效的其他请求权。

六、过了诉讼时效一定会败诉吗

（一）权利人起诉的，法院必须受理

诉讼时效经过，并不导致权利人的权利消灭，权利人仍然可以向人民法院起诉，人民法院应予以受理，而不能以已过诉讼时效为由拒绝受理。若法院裁定不予受理，那么权利人可以就该裁定提起上诉。

（二）人民法院不得主动适用诉讼时效的规定

人民法院受理案件后，若被告一方并没有提出原告方的权利已

256

经过了诉讼时效，那么人民法院不得以原告的权利已经过了诉讼时效而驳回原告的诉讼请求。相反，若原告的诉讼请求有法律依据的则必须判决原告胜诉，人民法院也不能提示被告已过诉讼时效，询问被告是否主张诉讼时效的抗辩。

（三）义务人主张时效已过抗辩的，法院应驳回原告的请求

在诉讼中，若被告提出原告的请求权已经过了诉讼时效，人民法院查明确实已经过了诉讼时效的，那么法院应当判决驳回原告的诉讼请求。

（四）过了诉讼时效但权利义务人自愿履行的仍然有效

过了诉讼时效的权利并不是权利人的权利消灭了，而仅仅是债务人产生了抗辩权，如果债务人自愿履行，那么就说明他放弃了抗辩权，因此债权人的权利仍然有效，债务人履行之后不能再行反悔，请求返还。即便债务人没有履行，但是已经同意履行了，也不得再以过了诉讼时效为由而主张抗辩了。只要权利人证明义务人同意履行，那么法院不能以过了诉讼时效为由驳回权利人的诉讼请求。

七、能不能事先约定不适用诉讼时效

诉讼时效制度属于法律上的强制性效力性规范。因此，当事人既不得通过约定排除诉讼时效制度的适用，也不得通过约定改变诉讼时效规范的具体内容，否则其约定均属于无效。

首先，当事人不得事先通过约定排除诉讼时效的适用，《民法总则》第一百九十七条第二款的规定，即表明当事人事先约定放弃诉讼时效利益是无效的。例如，当事人在借款合同中约定本借款不适用诉讼时效，无论多久出借人都可以请求借款人还本付息，借款人永远不得以诉讼时效已过进行抗辩，那么该约定无效，后借款到期，债务人没有还本付息，债权人也没有要求偿还本息，三年后该债权仍然过了诉讼时效，若债权人提起诉讼债务人仍然得以提出抗辩。当然若诉讼时效已经经过之后，义务人一方放弃诉讼时效的利益表示愿意履行义务是可以的，此时权利人的权利重新开始计算诉讼时效。

其次，当事人不得通过约定改变诉讼时效的期间，即除非法律另有规定外，所有适用诉讼时效的请求权的诉讼时效期间都一律是三年，当事人约定无论是延长还是缩短诉讼时效都是无效的。

再次，关于诉讼时效的起算时间也是法定的，只能从法律规定的时点开始起算而当事人不能另行约定，否则约定也是无效的。

最后，诉讼时效中止、中断的事由以及中止、中断的效力等也不能约定，否则也属于无效。

案例解析

案例一：

根据《民法总则》第一百八十八条：向人民法院请求保护民事权利的诉讼时效期间为三年。法律另有规定的，依照其规定。诉讼时效期间自权利人知道或者应当知道权利受到损害以及义务人之日起计算。法律另有规定的，依照其规定。但是自权利受到损害之日起超过二十年的，人民法院不予保护。侵权行为，即如来佛祖压孙悟空以及孙悟空大闹天宫，均发生于500年前，且该行为发生时孙悟空和玉帝即知道权利受侵害和侵害者，早已超过了三年之一般诉讼时效。但学理上存在持续性侵权行为之说，对此持续性侵权行为，自行为结束之日起计算。由于孙悟空一直被压了500年，因此其自被压之状态结束之后起三年内，仍享有诉讼时效利益。而玉帝对于天宫之财产损失，由于孙悟空之大闹天宫的行为早已于500年前结束，因此不按该学说处理。

案例二：

陈世美赴京赶考，离开家乡已经超过三年。若按照一般诉讼时效之规定，秦香莲（作为其儿女之法定代理人）知道该行为发生已逾三年。除了根据持续性侵权行为之说主张诉讼时效利益外，根据《民法总则》第一百九十六条的规定，请求支付抚养费、赡养费或扶养费的请求权不适用诉讼时效的规定，所以秦香莲依然可以代其子女主张抚养费的给付。

中华人民共和国民法总则

（2017 年 3 月 15 日第十二届全国人民代表大会第五次
　会议通过）

目　　　录

第一章　基本规定

第一条　为了保护民事主体的合法权益，调整民事关系，维护社会和经济秩序，适应中国特色社会主义发展要求，弘扬社会主义核心价值观，根据宪法，制定本法。

第二条　民法调整平等主体的自然人、法人和非法人组织之间的人身关系和财产关系。

第三条　民事主体的人身权利、财产权利以及其他合法权益受

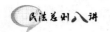

法律保护，任何组织或者个人不得侵犯。

第四条　民事主体在民事活动中的法律地位一律平等。

第五条　民事主体从事民事活动，应当遵循自愿原则，按照自己的意思设立、变更、终止民事法律关系。

第六条　民事主体从事民事活动，应当遵循公平原则，合理确定各方的权利和义务。

第七条　民事主体从事民事活动，应当遵循诚信原则，秉持诚实，恪守承诺。

第八条　民事主体从事民事活动，不得违反法律，不得违背公序良俗。

第九条　民事主体从事民事活动，应当有利于节约资源、保护生态环境。

第十条　处理民事纠纷，应当依照法律；法律没有规定的，可以适用习惯，但是不得违背公序良俗。

第十一条　其他法律对民事关系有特别规定的，依照其规定。

第十二条　中华人民共和国领域内的民事活动，适用中华人民共和国法律。法律另有规定的，依照其规定。

第二章　自然人

第一节　民事权利能力和民事行为能力

第十三条　自然人从出生时起到死亡时止，具有民事权利能力，依法享有民事权利，承担民事义务。

第十四条　自然人的民事权利能力一律平等。

第十五条　自然人的出生时间和死亡时间，以出生证明、死亡证明记载的时间为准；没有出生证明、死亡证明的，以户籍登记或者其他有效身份登记记载的时间为准。有其他证据足以推翻以上记载时间的，以该证据证明的时间为准。

第十六条　涉及遗产继承、接受赠与等胎儿利益保护的，胎儿视为具有民事权利能力。但是胎儿娩出时为死体的，其民事权利能力自始不存在。

第十七条　十八周岁以上的自然人为成年人。不满十八周岁的自然人为未成年人。

第十八条　成年人为完全民事行为能力人，可以独立实施民事法律行为。

十六周岁以上的未成年人，以自己的劳动收入为主要生活来源的，视为完全民事行为能力人。

第十九条　八周岁以上的未成年人为限制民事行为能力人，实施民事法律行为由其法定代理人代理或者经其法定代理人同意、追认，但是可以独立实施纯获利益的民事法律行为或者与其年龄、智力相适应的民事法律行为。

第二十条　不满八周岁的未成年人为无民事行为能力人，由其法定代理人代理实施民事法律行为。

第二十一条　不能辨认自己行为的成年人为无民事行为能力人，由其法定代理人代理实施民事法律行为。

八周岁以上的未成年人不能辨认自己行为的，适用前款规定。

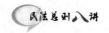

第二十二条　不能完全辨认自己行为的成年人为限制民事行为能力人，实施民事法律行为由其法定代理人代理或者经其法定代理人同意、追认，但是可以独立实施纯获利益的民事法律行为或者与其智力、精神健康状况相适应的民事法律行为。

第二十三条　无民事行为能力人、限制民事行为能力人的监护人是其法定代理人。

第二十四条　不能辨认或者不能完全辨认自己行为的成年人，其利害关系人或者有关组织，可以向人民法院申请认定该成年人为无民事行为能力人或者限制民事行为能力人。

被人民法院认定为无民事行为能力人或者限制民事行为能力人的，经本人、利害关系人或者有关组织申请，人民法院可以根据其智力、精神健康恢复的状况，认定该成年人恢复为限制民事行为能力人或者完全民事行为能力人。

本条规定的有关组织包括：居民委员会、村民委员会、学校、医疗机构、妇女联合会、残疾人联合会、依法设立的老年人组织、民政部门等。

第二十五条　自然人以户籍登记或者其他有效身份登记记载的居所为住所；经常居所与住所不一致的，经常居所视为住所。

第二节　监　护

第二十六条　父母对未成年子女负有抚养、教育和保护的义务。

成年子女对父母负有赡养、扶助和保护的义务。

第二十七条　父母是未成年子女的监护人。

未成年人的父母已经死亡或者没有监护能力的，由下列有监护能力的人按顺序担任监护人：

（一）祖父母、外祖父母；

（二）兄、姐；

（三）其他愿意担任监护人的个人或者组织，但是须经未成年人住所地的居民委员会、村民委员会或者民政部门同意。

第二十八条　无民事行为能力或者限制民事行为能力的成年人，由下列有监护能力的人按顺序担任监护人：

（一）配偶；

（二）父母、子女；

（三）其他近亲属；

（四）其他愿意担任监护人的个人或者组织，但是须经被监护人住所地的居民委员会、村民委员会或者民政部门同意。

第二十九条　被监护人的父母担任监护人的，可以通过遗嘱指定监护人。

第三十条　依法具有监护资格的人之间可以协议确定监护人。协议确定监护人应当尊重被监护人的真实意愿。

第三十一条　对监护人的确定有争议的，由被监护人住所地的居民委员会、村民委员会或者民政部门指定监护人，有关当事人对指定不服的，可以向人民法院申请指定监护人；有关当事人也可以直接向人民法院申请指定监护人。

居民委员会、村民委员会、民政部门或者人民法院应当尊重被监护人的真实意愿，按照最有利于被监护人的原则在依法具有监护资格的人中指定监护人。

依照本条第一款规定指定监护人前，被监护人的人身权利、财产权利以及其他合法权益处于无人保护状态的，由被监护人住所地的居民委员会、村民委员会、法律规定的有关组织或者民政部门担任临时监护人。

监护人被指定后，不得擅自变更；擅自变更的，不免除被指定的监护人的责任。

第三十二条 没有依法具有监护资格的人的，监护人由民政部门担任，也可以由具备履行监护职责条件的被监护人住所地的居民委员会、村民委员会担任。

第三十三条 具有完全民事行为能力的成年人，可以与其近亲属、其他愿意担任监护人的个人或者组织事先协商，以书面形式确定自己的监护人。协商确定的监护人在该成年人丧失或者部分丧失民事行为能力时，履行监护职责。

第三十四条 监护人的职责是代理被监护人实施民事法律行为，保护被监护人的人身权利、财产权利以及其他合法权益等。

监护人依法履行监护职责产生的权利，受法律保护。

监护人不履行监护职责或者侵害被监护人合法权益的，应当承担法律责任。

第三十五条 监护人应当按照最有利于被监护人的原则履行监护职责。监护人除为维护被监护人利益外，不得处分被监护人的财产。

　　未成年人的监护人履行监护职责，在作出与被监护人利益有关的决定时，应当根据被监护人的年龄和智力状况，尊重被监护人的真实意愿。

　　成年人的监护人履行监护职责，应当最大程度地尊重被监护人的真实意愿，保障并协助被监护人实施与其智力、精神健康状况相适应的民事法律行为。对被监护人有能力独立处理的事务，监护人不得干涉。

　　第三十六条　监护人有下列情形之一的，人民法院根据有关个人或者组织的申请，撤销其监护人资格，安排必要的临时监护措施，并按照最有利于被监护人的原则依法指定监护人：

　　（一）实施严重损害被监护人身心健康行为的；

　　（二）怠于履行监护职责，或者无法履行监护职责并且拒绝将监护职责部分或者全部委托给他人，导致被监护人处于危困状态的；

　　（三）实施严重侵害被监护人合法权益的其他行为的。

　　本条规定的有关个人和组织包括：其他依法具有监护资格的人，居民委员会、村民委员会、学校、医疗机构、妇女联合会、残疾人联合会、未成年人保护组织、依法设立的老年人组织、民政部门等。

　　前款规定的个人和民政部门以外的组织未及时向人民法院申请撤销监护人资格的，民政部门应当向人民法院申请。

　　第三十七条　依法负担被监护人抚养费、赡养费、扶养费的父母、子女、配偶等，被人民法院撤销监护人资格后，应当继续履行

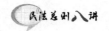

负担的义务。

第三十八条　被监护人的父母或者子女被人民法院撤销监护人资格后，除对被监护人实施故意犯罪的外，确有悔改表现的，经其申请，人民法院可以在尊重被监护人真实意愿的前提下，视情况恢复其监护人资格，人民法院指定的监护人与被监护人的监护关系同时终止。

第三十九条　有下列情形之一的，监护关系终止：

（一）被监护人取得或者恢复完全民事行为能力；

（二）监护人丧失监护能力；

（三）被监护人或者监护人死亡；

（四）人民法院认定监护关系终止的其他情形。

监护关系终止后，被监护人仍然需要监护的，应当依法另行确定监护人。

第三节　宣告失踪和宣告死亡

第四十条　自然人下落不明满二年的，利害关系人可以向人民法院申请宣告该自然人为失踪人。

第四十一条　自然人下落不明的时间从其失去音讯之日起计算。战争期间下落不明的，下落不明的时间自战争结束之日或者有关机关确定的下落不明之日起计算。

第四十二条　失踪人的财产由其配偶、成年子女、父母或者其他愿意担任财产代管人的人代管。

代管有争议，没有前款规定的人，或者前款规定的人无代管能力的，由人民法院指定的人代管。

第四十三条 财产代管人应当妥善管理失踪人的财产，维护其财产权益。

失踪人所欠税款、债务和应付的其他费用，由财产代管人从失踪人的财产中支付。

财产代管人因故意或者重大过失造成失踪人财产损失的，应当承担赔偿责任。

第四十四条 财产代管人不履行代管职责、侵害失踪人财产权益或者丧失代管能力的，失踪人的利害关系人可以向人民法院申请变更财产代管人。

财产代管人有正当理由的，可以向人民法院申请变更财产代管人。

人民法院变更财产代管人的，变更后的财产代管人有权要求原财产代管人及时移交有关财产并报告财产代管情况。

第四十五条 失踪人重新出现，经本人或者利害关系人申请，人民法院应当撤销失踪宣告。

失踪人重新出现，有权要求财产代管人及时移交有关财产并报告财产代管情况。

第四十六条 自然人有下列情形之一的，利害关系人可以向人民法院申请宣告该自然人死亡：

（一）下落不明满四年；

（二）因意外事件，下落不明满二年。

因意外事件下落不明，经有关机关证明该自然人不可能生存

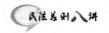

的，申请宣告死亡不受二年时间的限制。

第四十七条　对同一自然人，有的利害关系人申请宣告死亡，有的利害关系人申请宣告失踪，符合本法规定的宣告死亡条件的，人民法院应当宣告死亡。

第四十八条　被宣告死亡的人，人民法院宣告死亡的判决作出之日视为其死亡的日期；因意外事件下落不明宣告死亡的，意外事件发生之日视为其死亡的日期。

第四十九条　自然人被宣告死亡但是并未死亡的，不影响该自然人在被宣告死亡期间实施的民事法律行为的效力。

第五十条　被宣告死亡的人重新出现，经本人或者利害关系人申请，人民法院应当撤销死亡宣告。

第五十一条　被宣告死亡的人的婚姻关系，自死亡宣告之日起消灭。死亡宣告被撤销的，婚姻关系自撤销死亡宣告之日起自行恢复，但是其配偶再婚或者向婚姻登记机关书面声明不愿意恢复的除外。

第五十二条　被宣告死亡的人在被宣告死亡期间，其子女被他人依法收养的，在死亡宣告被撤销后，不得以未经本人同意为由主张收养关系无效。

第五十三条　被撤销死亡宣告的人有权请求依照继承法取得其财产的民事主体返还财产。无法返还的，应当给予适当补偿。

利害关系人隐瞒真实情况，致使他人被宣告死亡取得其财产的，除应当返还财产外，还应当对由此造成的损失承担赔偿责任。

第四节　个体工商户和农村承包经营户

第五十四条　自然人从事工商业经营，经依法登记，为个体工商户。个体工商户可以起字号。

第五十五条　农村集体经济组织的成员，依法取得农村土地承包经营权，从事家庭承包经营的，为农村承包经营户。

第五十六条　个体工商户的债务，个人经营的，以个人财产承担；家庭经营的，以家庭财产承担；无法区分的，以家庭财产承担。

农村承包经营户的债务，以从事农村土地承包经营的农户财产承担；事实上由农户部分成员经营的，以该部分成员的财产承担。

第三章　法　人

第一节　一般规定

第五十七条　法人是具有民事权利能力和民事行为能力，依法独立享有民事权利和承担民事义务的组织。

第五十八条　法人应当依法成立。

法人应当有自己的名称、组织机构、住所、财产或者经费。法人成立的具体条件和程序，依照法律、行政法规的规定。

设立法人，法律、行政法规规定须经有关机关批准的，依照其规定。

第五十九条　法人的民事权利能力和民事行为能力，从法人成

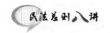

立时产生，到法人终止时消灭。

第六十条　法人以其全部财产独立承担民事责任。

第六十一条　依照法律或者法人章程的规定，代表法人从事民事活动的负责人，为法人的法定代表人。

法定代表人以法人名义从事的民事活动，其法律后果由法人承受。

法人章程或者法人权力机构对法定代表人代表权的限制，不得对抗善意相对人。

第六十二条　法定代表人因执行职务造成他人损害的，由法人承担民事责任。

法人承担民事责任后，依照法律或者法人章程的规定，可以向有过错的法定代表人追偿。

第六十三条　法人以其主要办事机构所在地为住所。依法需要办理法人登记的，应当将主要办事机构所在地登记为住所。

第六十四条　法人存续期间登记事项发生变化的，应当依法向登记机关申请变更登记。

第六十五条　法人的实际情况与登记的事项不一致的，不得对抗善意相对人。

第六十六条　登记机关应当依法及时公示法人登记的有关信息。

第六十七条　法人合并的，其权利和义务由合并后的法人享有和承担。

法人分立的，其权利和义务由分立后的法人享有连带债权，承担连带债务，但是债权人和债务人另有约定的除外。

第六十八条 有下列原因之一并依法完成清算、注销登记的，法人终止：

（一）法人解散；

（二）法人被宣告破产；

（三）法律规定的其他原因。

法人终止，法律、行政法规规定须经有关机关批准的，依照其规定。

第六十九条 有下列情形之一的，法人解散：

（一）法人章程规定的存续期间届满或者法人章程规定的其他解散事由出现；

（二）法人的权力机构决议解散；

（三）因法人合并或者分立需要解散；

（四）法人依法被吊销营业执照、登记证书，被责令关闭或者被撤销；

（五）法律规定的其他情形。

第七十条 法人解散的，除合并或者分立的情形外，清算义务人应当及时组成清算组进行清算。

法人的董事、理事等执行机构或者决策机构的成员为清算义务人。法律、行政法规另有规定的，依照其规定。

清算义务人未及时履行清算义务，造成损害的，应当承担民事责任；主管机关或者利害关系人可以申请人民法院指定有关人员组成清算组进行清算。

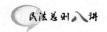

第七十一条 法人的清算程序和清算组职权，依照有关法律的规定；没有规定的，参照适用公司法的有关规定。

第七十二条 清算期间法人存续，但是不得从事与清算无关的活动。

法人清算后的剩余财产，根据法人章程的规定或者法人权力机构的决议处理。法律另有规定的，依照其规定。

清算结束并完成法人注销登记时，法人终止；依法不需要办理法人登记的，清算结束时，法人终止。

第七十三条 法人被宣告破产的，依法进行破产清算并完成法人注销登记时，法人终止。

第七十四条 法人可以依法设立分支机构。法律、行政法规规定分支机构应当登记的，依照其规定。

分支机构以自己的名义从事民事活动，产生的民事责任由法人承担；也可以先以该分支机构管理的财产承担，不足以承担的，由法人承担。

第七十五条 设立人为设立法人从事的民事活动，其法律后果由法人承受；法人未成立的，其法律后果由设立人承受，设立人为二人以上的，享有连带债权，承担连带债务。

设立人为设立法人以自己的名义从事民事活动产生的民事责任，第三人有权选择请求法人或者设立人承担。

第二节 营利法人

第七十六条 以取得利润并分配给股东等出资人为目的成立的

法人，为营利法人。

营利法人包括有限责任公司、股份有限公司和其他企业法人等。

第七十七条 营利法人经依法登记成立。

第七十八条 依法设立的营利法人，由登记机关发给营利法人营业执照。营业执照签发日期为营利法人的成立日期。

第七十九条 设立营利法人应当依法制定法人章程。

第八十条 营利法人应当设权力机构。

权力机构行使修改法人章程，选举或者更换执行机构、监督机构成员，以及法人章程规定的其他职权。

第八十一条 营利法人应当设执行机构。

执行机构行使召集权力机构会议，决定法人的经营计划和投资方案，决定法人内部管理机构的设置，以及法人章程规定的其他职权。

执行机构为董事会或者执行董事的，董事长、执行董事或者经理按照法人章程的规定担任法定代表人；未设董事会或者执行董事的，法人章程规定的主要负责人为其执行机构和法定代表人。

第八十二条 营利法人设监事会或者监事等监督机构的，监督机构依法行使检查法人财务，监督执行机构成员、高级管理人员执行法人职务的行为，以及法人章程规定的其他职权。

第八十三条 营利法人的出资人不得滥用出资人权利损害法人或者其他出资人的利益。滥用出资人权利给法人或者其他出资人造成损失的，应当依法承担民事责任。

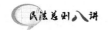

营利法人的出资人不得滥用法人独立地位和出资人有限责任损害法人的债权人利益。滥用法人独立地位和出资人有限责任，逃避债务，严重损害法人的债权人利益的，应当对法人债务承担连带责任。

第八十四条 营利法人的控股出资人、实际控制人、董事、监事、高级管理人员不得利用其关联关系损害法人的利益。利用关联关系给法人造成损失的，应当承担赔偿责任。

第八十五条 营利法人的权力机构、执行机构作出决议的会议召集程序、表决方式违反法律、行政法规、法人章程，或者决议内容违反法人章程的，营利法人的出资人可以请求人民法院撤销该决议，但是营利法人依据该决议与善意相对人形成的民事法律关系不受影响。

第八十六条 营利法人从事经营活动，应当遵守商业道德，维护交易安全，接受政府和社会的监督，承担社会责任。

第三节 非营利法人

第八十七条 为公益目的或者其他非营利目的成立，不向出资人、设立人或者会员分配所取得利润的法人，为非营利法人。

非营利法人包括事业单位、社会团体、基金会、社会服务机构等。

第八十八条 具备法人条件，为适应经济社会发展需要，提供公益服务设立的事业单位，经依法登记成立，取得事业单位法人资格；依法不需要办理法人登记的，从成立之日起，具有事业单位法人资格。

第八十九条　事业单位法人设理事会的，除法律另有规定外，理事会为其决策机构。事业单位法人的法定代表人依照法律、行政法规或者法人章程的规定产生。

第九十条　具备法人条件，基于会员共同意愿，为公益目的或者会员共同利益等非营利目的设立的社会团体，经依法登记成立，取得社会团体法人资格；依法不需要办理法人登记的，从成立之日起，具有社会团体法人资格。

第九十一条　设立社会团体法人应当依法制定法人章程。

社会团体法人应当设会员大会或者会员代表大会等权力机构。

社会团体法人应当设理事会等执行机构。理事长或者会长等负责人按照法人章程的规定担任法定代表人。

第九十二条　具备法人条件，为公益目的以捐助财产设立的基金会、社会服务机构等，经依法登记成立，取得捐助法人资格。

依法设立的宗教活动场所，具备法人条件的，可以申请法人登记，取得捐助法人资格。法律、行政法规对宗教活动场所有规定的，依照其规定。

第九十三条　设立捐助法人应当依法制定法人章程。

捐助法人应当设理事会、民主管理组织等决策机构，并设执行机构。理事长等负责人按照法人章程的规定担任法定代表人。

捐助法人应当设监事会等监督机构。

第九十四条　捐助人有权向捐助法人查询捐助财产的使用、管理情况，并提出意见和建议，捐助法人应当及时、如实答复。

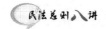

捐助法人的决策机构、执行机构或者法定代表人作出决定的程序违反法律、行政法规、法人章程，或者决定内容违反法人章程的，捐助人等利害关系人或者主管机关可以请求人民法院撤销该决定，但是捐助法人依据该决定与善意相对人形成的民事法律关系不受影响。

第九十五条　为公益目的成立的非营利法人终止时，不得向出资人、设立人或者会员分配剩余财产。剩余财产应当按照法人章程的规定或者权力机构的决议用于公益目的；无法按照法人章程的规定或者权力机构的决议处理的，由主管机关主持转给宗旨相同或者相近的法人，并向社会公告。

第四节　特别法人

第九十六条　本节规定的机关法人、农村集体经济组织法人、城镇农村的合作经济组织法人、基层群众性自治组织法人，为特别法人。

第九十七条　有独立经费的机关和承担行政职能的法定机构从成立之日起，具有机关法人资格，可以从事为履行职能所需要的民事活动。

第九十八条　机关法人被撤销的，法人终止，其民事权利和义务由继任的机关法人享有和承担；没有继任的机关法人的，由作出撤销决定的机关法人享有和承担。

第九十九条　农村集体经济组织依法取得法人资格。

法律、行政法规对农村集体经济组织有规定的，依照其规定。

第一百条　城镇农村的合作经济组织依法取得法人资格。

法律、行政法规对城镇农村的合作经济组织有规定的，依照其规定。

第一百零一条　居民委员会、村民委员会具有基层群众性自治组织法人资格，可以从事为履行职能所需要的民事活动。

未设立村集体经济组织的，村民委员会可以依法代行村集体经济组织的职能。

第四章　非法人组织

第一百零二条　非法人组织是不具有法人资格，但是能够依法以自己的名义从事民事活动的组织。

非法人组织包括个人独资企业、合伙企业、不具有法人资格的专业服务机构等。

第一百零三条　非法人组织应当依照法律的规定登记。

设立非法人组织，法律、行政法规规定须经有关机关批准的，依照其规定。

第一百零四条　非法人组织的财产不足以清偿债务的，其出资人或者设立人承担无限责任。法律另有规定的，依照其规定。

第一百零五条　非法人组织可以确定一人或者数人代表该组织从事民事活动。

第一百零六条　有下列情形之一的，非法人组织解散：

（一）章程规定的存续期间届满或者章程规定的其他解散事由

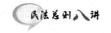

出现；

（二）出资人或者设立人决定解散；

（三）法律规定的其他情形。

第一百零七条 非法人组织解散的，应当依法进行清算。

第一百零八条 非法人组织除适用本章规定外，参照适用本法第三章第一节的有关规定。

第五章　民事权利

第一百零九条 自然人的人身自由、人格尊严受法律保护。

第一百一十条 自然人享有生命权、身体权、健康权、姓名权、肖像权、名誉权、荣誉权、隐私权、婚姻自主权等权利。

法人、非法人组织享有名称权、名誉权、荣誉权等权利。

第一百一十一条 自然人的个人信息受法律保护。任何组织和个人需要获取他人个人信息的，应当依法取得并确保信息安全，不得非法收集、使用、加工、传输他人个人信息，不得非法买卖、提供或者公开他人个人信息。

第一百一十二条 自然人因婚姻、家庭关系等产生的人身权利受法律保护。

第一百一十三条 民事主体的财产权利受法律平等保护。

第一百一十四条 民事主体依法享有物权。

物权是权利人依法对特定的物享有直接支配和排他的权利，包括所有权、用益物权和担保物权。

第一百一十五条　物包括不动产和动产。法律规定权利作为物权客体的，依照其规定。

第一百一十六条　物权的种类和内容，由法律规定。

第一百一十七条　为了公共利益的需要，依照法律规定的权限和程序征收、征用不动产或者动产的，应当给予公平、合理的补偿。

第一百一十八条　民事主体依法享有债权。

债权是因合同、侵权行为、无因管理、不当得利以及法律的其他规定，权利人请求特定义务人为或者不为一定行为的权利。

第一百一十九条　依法成立的合同，对当事人具有法律约束力。

第一百二十条　民事权益受到侵害的，被侵权人有权请求侵权人承担侵权责任。

第一百二十一条　没有法定的或者约定的义务，为避免他人利益受损失而进行管理的人，有权请求受益人偿还由此支出的必要费用。

第一百二十二条　因他人没有法律根据，取得不当利益，受损失的人有权请求其返还不当利益。

第一百二十三条　民事主体依法享有知识产权。

知识产权是权利人依法就下列客体享有的专有的权利：

（一）作品；

（二）发明、实用新型、外观设计；

（三）商标；

（四）地理标志；

（五）商业秘密；

（六）集成电路布图设计；

（七）植物新品种；

（八）法律规定的其他客体。

第一百二十四条 自然人依法享有继承权。

自然人合法的私有财产，可以依法继承。

第一百二十五条 民事主体依法享有股权和其他投资性权利。

第一百二十六条 民事主体享有法律规定的其他民事权利和利益。

第一百二十七条 法律对数据、网络虚拟财产的保护有规定的，依照其规定。

第一百二十八条 法律对未成年人、老年人、残疾人、妇女、消费者等的民事权利保护有特别规定的，依照其规定。

第一百二十九条 民事权利可以依据民事法律行为、事实行为、法律规定的事件或者法律规定的其他方式取得。

第一百三十条 民事主体按照自己的意愿依法行使民事权利，不受干涉。

第一百三十一条 民事主体行使权利时，应当履行法律规定的和当事人约定的义务。

第一百三十二条 民事主体不得滥用民事权利损害国家利益、社会公共利益或者他人合法权益。

第六章　民事法律行为

第一节　一般规定

第一百三十三条　民事法律行为是民事主体通过意思表示设立、变更、终止民事法律关系的行为。

第一百三十四条　民事法律行为可以基于双方或者多方的意思表示一致成立，也可以基于单方的意思表示成立。

法人、非法人组织依照法律或者章程规定的议事方式和表决程序作出决议的，该决议行为成立。

第一百三十五条　民事法律行为可以采用书面形式、口头形式或者其他形式；法律、行政法规规定或者当事人约定采用特定形式的，应当采用特定形式。

第一百三十六条　民事法律行为自成立时生效，但是法律另有规定或者当事人另有约定的除外。

行为人非依法律规定或者未经对方同意，不得擅自变更或者解除民事法律行为。

第二节　意思表示

第一百三十七条　以对话方式作出的意思表示，相对人知道其内容时生效。

以非对话方式作出的意思表示，到达相对人时生效。以非对话方式作出的采用数据电文形式的意思表示，相对人指定特定系统接收数据电文的，该数据电文进入该特定系统时生效；未指定特定系统的，相对人知道或者应当知道该数据电文进入其系统时生效。当事人对采用数据电文形式的意思表示的生效时间另有约定的，按照其约定。

第一百三十八条 无相对人的意思表示，表示完成时生效。法律另有规定的，依照其规定。

第一百三十九条 以公告方式作出的意思表示，公告发布时生效。

第一百四十条 行为人可以明示或者默示作出意思表示。

沉默只有在有法律规定、当事人约定或者符合当事人之间的交易习惯时，才可以视为意思表示。

第一百四十一条 行为人可以撤回意思表示。撤回意思表示的通知应当在意思表示到达相对人前或者与意思表示同时到达相对人。

第一百四十二条 有相对人的意思表示的解释，应当按照所使用的词句，结合相关条款、行为的性质和目的、习惯以及诚信原则，确定意思表示的含义。

无相对人的意思表示的解释，不能完全拘泥于所使用的词句，而应当结合相关条款、行为的性质和目的、习惯以及诚信原则，确定行为人的真实意思。

第三节　民事法律行为的效力

第一百四十三条 具备下列条件的民事法律行为有效：

（一）行为人具有相应的民事行为能力；

（二）意思表示真实；

（三）不违反法律、行政法规的强制性规定，不违背公序良俗。

第一百四十四条 无民事行为能力人实施的民事法律行为无效。

第一百四十五条 限制民事行为能力人实施的纯获利益的民事法律行为或者与其年龄、智力、精神健康状况相适应的民事法律行为有效；实施的其他民事法律行为经法定代理人同意或者追认后有效。

相对人可以催告法定代理人自收到通知之日起一个月内予以追认。法定代理人未作表示的，视为拒绝追认。民事法律行为被追认前，善意相对人有撤销的权利。撤销应当以通知的方式作出。

第一百四十六条 行为人与相对人以虚假的意思表示实施的民事法律行为无效。

以虚假的意思表示隐藏的民事法律行为的效力，依照有关法律规定处理。

第一百四十七条 基于重大误解实施的民事法律行为，行为人有权请求人民法院或者仲裁机构予以撤销。

第一百四十八条 一方以欺诈手段，使对方在违背真实意思的情况下实施的民事法律行为，受欺诈方有权请求人民法院或者仲裁机构予以撤销。

第一百四十九条 第三人实施欺诈行为，使一方在违背真实意

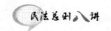

思的情况下实施的民事法律行为，对方知道或者应当知道该欺诈行为的，受欺诈方有权请求人民法院或者仲裁机构予以撤销。

第一百五十条　一方或者第三人以胁迫手段，使对方在违背真实意思的情况下实施的民事法律行为，受胁迫方有权请求人民法院或者仲裁机构予以撤销。

第一百五十一条　一方利用对方处于危困状态、缺乏判断能力等情形，致使民事法律行为成立时显失公平的，受损害方有权请求人民法院或者仲裁机构予以撤销。

第一百五十二条　有下列情形之一的，撤销权消灭：

（一）当事人自知道或者应当知道撤销事由之日起一年内、重大误解的当事人自知道或者应当知道撤销事由之日起三个月内没有行使撤销权；

（二）当事人受胁迫，自胁迫行为终止之日起一年内没有行使撤销权；

（三）当事人知道撤销事由后明确表示或者以自己的行为表明放弃撤销权。

当事人自民事法律行为发生之日起五年内没有行使撤销权的，撤销权消灭。

第一百五十三条　违反法律、行政法规的强制性规定的民事法律行为无效，但是该强制性规定不导致该民事法律行为无效的除外。

违背公序良俗的民事法律行为无效。

第一百五十四条　行为人与相对人恶意串通，损害他人合法权益的民事法律行为无效。

第一百五十五条 无效的或者被撤销的民事法律行为自始没有法律约束力。

第一百五十六条 民事法律行为部分无效，不影响其他部分效力的，其他部分仍然有效。

第一百五十七条 民事法律行为无效、被撤销或者确定不发生效力后，行为人因该行为取得的财产，应当予以返还；不能返还或者没有必要返还的，应当折价补偿。有过错的一方应当赔偿对方由此所受到的损失；各方都有过错的，应当各自承担相应的责任。法律另有规定的，依照其规定。

第四节　民事法律行为的附条件和附期限

第一百五十八条 民事法律行为可以附条件，但是按照其性质不得附条件的除外。附生效条件的民事法律行为，自条件成就时生效。附解除条件的民事法律行为，自条件成就时失效。

第一百五十九条 附条件的民事法律行为，当事人为自己的利益不正当地阻止条件成就的，视为条件已成就；不正当地促成条件成就的，视为条件不成就。

第一百六十条 民事法律行为可以附期限，但是按照其性质不得附期限的除外。附生效期限的民事法律行为，自期限届至时生效。附终止期限的民事法律行为，自期限届满时失效。

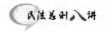

第七章 代 理

第一节 一般规定

第一百六十一条 民事主体可以通过代理人实施民事法律行为。

依照法律规定、当事人约定或者民事法律行为的性质，应当由本人亲自实施的民事法律行为，不得代理。

第一百六十二条 代理人在代理权限内，以被代理人名义实施的民事法律行为，对被代理人发生效力。

第一百六十三条 代理包括委托代理和法定代理。

委托代理人按照被代理人的委托行使代理权。法定代理人依照法律的规定行使代理权。

第一百六十四条 代理人不履行或者不完全履行职责，造成被代理人损害的，应当承担民事责任。

代理人和相对人恶意串通，损害被代理人合法权益的，代理人和相对人应当承担连带责任。

第二节 委托代理

第一百六十五条 委托代理授权采用书面形式的，授权委托书应当载明代理人的姓名或者名称、代理事项、权限和期间，并由被代理人签名或者盖章。

第一百六十六条 数人为同一代理事项的代理人的，应当共同行使代理权，但是当事人另有约定的除外。

第一百六十七条　代理人知道或者应当知道代理事项违法仍然实施代理行为，或者被代理人知道或者应当知道代理人的代理行为违法未作反对表示的，被代理人和代理人应当承担连带责任。

第一百六十八条　代理人不得以被代理人的名义与自己实施民事法律行为，但是被代理人同意或者追认的除外。

代理人不得以被代理人的名义与自己同时代理的其他人实施民事法律行为，但是被代理的双方同意或者追认的除外。

第一百六十九条　代理人需要转委托第三人代理的，应当取得被代理人的同意或者追认。

转委托代理经被代理人同意或者追认的，被代理人可以就代理事务直接指示转委托的第三人，代理人仅就第三人的选任以及对第三人的指示承担责任。

转委托代理未经被代理人同意或者追认的，代理人应当对转委托的第三人的行为承担责任，但是在紧急情况下代理人为了维护被代理人的利益需要转委托第三人代理的除外。

第一百七十条　执行法人或者非法人组织工作任务的人员，就其职权范围内的事项，以法人或者非法人组织的名义实施民事法律行为，对法人或者非法人组织发生效力。

法人或者非法人组织对执行其工作任务的人员职权范围的限制，不得对抗善意相对人。

第一百七十一条　行为人没有代理权、超越代理权或者代理权终止后，仍然实施代理行为，未经被代理人追认的，对被代理人不

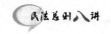

发生效力。

相对人可以催告被代理人自收到通知之日起一个月内予以追认。被代理人未作表示的，视为拒绝追认。行为人实施的行为被追认前，善意相对人有撤销的权利。撤销应当以通知的方式作出。

行为人实施的行为未被追认的，善意相对人有权请求行为人履行债务或者就其受到的损害请求行为人赔偿，但是赔偿的范围不得超过被代理人追认时相对人所能获得的利益。

相对人知道或者应当知道行为人无权代理的，相对人和行为人按照各自的过错承担责任。

第一百七十二条　行为人没有代理权、超越代理权或者代理权终止后，仍然实施代理行为，相对人有理由相信行为人有代理权的，代理行为有效。

第三节　代理终止

第一百七十三条　有下列情形之一的，委托代理终止：

（一）代理期间届满或者代理事务完成；

（二）被代理人取消委托或者代理人辞去委托；

（三）代理人丧失民事行为能力；

（四）代理人或者被代理人死亡；

（五）作为代理人或者被代理人的法人、非法人组织终止。

第一百七十四条　被代理人死亡后，有下列情形之一的，委托代理人实施的代理行为有效：

（一）代理人不知道并且不应当知道被代理人死亡；

（二）被代理人的继承人予以承认；

（三）授权中明确代理权在代理事务完成时终止；

（四）被代理人死亡前已经实施，为了被代理人的继承人的利益继续代理。

作为被代理人的法人、非法人组织终止的，参照适用前款规定。

第一百七十五条　有下列情形之一的，法定代理终止：

（一）被代理人取得或者恢复完全民事行为能力；

（二）代理人丧失民事行为能力；

（三）代理人或者被代理人死亡；

（四）法律规定的其他情形。

第八章　民事责任

第一百七十六条　民事主体依照法律规定和当事人约定，履行民事义务，承担民事责任。

第一百七十七条　二人以上依法承担按份责任，能够确定责任大小的，各自承担相应的责任；难以确定责任大小的，平均承担责任。

第一百七十八条　二人以上依法承担连带责任的，权利人有权请求部分或者全部连带责任人承担责任。

连带责任人的责任份额根据各自责任大小确定；难以确定责任

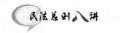

大小的，平均承担责任。实际承担责任超过自己责任份额的连带责任人，有权向其他连带责任人追偿。

连带责任，由法律规定或者当事人约定。

第一百七十九条 承担民事责任的方式主要有：

（一）停止侵害；

（二）排除妨碍；

（三）消除危险；

（四）返还财产；

（五）恢复原状；

（六）修理、重作、更换；

（七）继续履行；

（八）赔偿损失；

（九）支付违约金；

（十）消除影响、恢复名誉；

（十一）赔礼道歉。

法律规定惩罚性赔偿的，依照其规定。

本条规定的承担民事责任的方式，可以单独适用，也可以合并适用。

第一百八十条 因不可抗力不能履行民事义务的，不承担民事责任。法律另有规定的，依照其规定。

不可抗力是指不能预见、不能避免且不能克服的客观情况。

第一百八十一条 因正当防卫造成损害的，不承担民事责任。

正当防卫超过必要的限度，造成不应有的损害的，正当防卫人应当承担适当的民事责任。

第一百八十二条 因紧急避险造成损害的，由引起险情发生的人承担民事责任。

危险由自然原因引起的，紧急避险人不承担民事责任，可以给予适当补偿。

紧急避险采取措施不当或者超过必要的限度，造成不应有的损害的，紧急避险人应当承担适当的民事责任。

第一百八十三条 因保护他人民事权益使自己受到损害的，由侵权人承担民事责任，受益人可以给予适当补偿。没有侵权人、侵权人逃逸或者无力承担民事责任，受害人请求补偿的，受益人应当给予适当补偿。

第一百八十四条 因自愿实施紧急救助行为造成受助人损害的，救助人不承担民事责任。

第一百八十五条 侵害英雄烈士等的姓名、肖像、名誉、荣誉，损害社会公共利益的，应当承担民事责任。

第一百八十六条 因当事人一方的违约行为，损害对方人身权益、财产权益的，受损害方有权选择请求其承担违约责任或者侵权责任。

第一百八十七条 民事主体因同一行为应当承担民事责任、行政责任和刑事责任的，承担行政责任或者刑事责任不影响承担民事责任；民事主体的财产不足以支付的，优先用于承担民事责任。

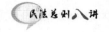

第九章　诉讼时效

第一百八十八条　向人民法院请求保护民事权利的诉讼时效期间为三年。法律另有规定的，依照其规定。

诉讼时效期间自权利人知道或者应当知道权利受到损害以及义务人之日起计算。法律另有规定的，依照其规定。但是自权利受到损害之日起超过二十年的，人民法院不予保护；有特殊情况的，人民法院可以根据权利人的申请决定延长。

第一百八十九条　当事人约定同一债务分期履行的，诉讼时效期间自最后一期履行期限届满之日起计算。

第一百九十条　无民事行为能力人或者限制民事行为能力人对其法定代理人的请求权的诉讼时效期间，自该法定代理终止之日起计算。

第一百九十一条　未成年人遭受性侵害的损害赔偿请求权的诉讼时效期间，自受害人年满十八周岁之日起计算。

第一百九十二条　诉讼时效期间届满的，义务人可以提出不履行义务的抗辩。

诉讼时效期间届满后，义务人同意履行的，不得以诉讼时效期间届满为由抗辩；义务人已自愿履行的，不得请求返还。

第一百九十三条　人民法院不得主动适用诉讼时效的规定。

第一百九十四条　在诉讼时效期间的最后六个月内，因下列障碍，不能行使请求权的，诉讼时效中止：

（一）不可抗力；

（二）无民事行为能力人或者限制民事行为能力人没有法定代理人，或者法定代理人死亡、丧失民事行为能力、丧失代理权；

（三）继承开始后未确定继承人或者遗产管理人；

（四）权利人被义务人或者其他人控制；

（五）其他导致权利人不能行使请求权的障碍。

自中止时效的原因消除之日起满六个月，诉讼时效期间届满。

第一百九十五条 有下列情形之一的，诉讼时效中断，从中断、有关程序终结时起，诉讼时效期间重新计算：

（一）权利人向义务人提出履行请求；

（二）义务人同意履行义务；

（三）权利人提起诉讼或者申请仲裁；

（四）与提起诉讼或者申请仲裁具有同等效力的其他情形。

第一百九十六条 下列请求权不适用诉讼时效的规定：

（一）请求停止侵害、排除妨碍、消除危险；

（二）不动产物权和登记的动产物权的权利人请求返还财产；

（三）请求支付抚养费、赡养费或者扶养费；

（四）依法不适用诉讼时效的其他请求权。

第一百九十七条 诉讼时效的期间、计算方法以及中止、中断的事由由法律规定，当事人约定无效。

当事人对诉讼时效利益的预先放弃无效。

第一百九十八条 法律对仲裁时效有规定的，依照其规定；没

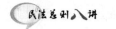

有规定的，适用诉讼时效的规定。

第一百九十九条　法律规定或者当事人约定的撤销权、解除权等权利的存续期间，除法律另有规定外，自权利人知道或者应当知道权利产生之日起计算，不适用有关诉讼时效中止、中断和延长的规定。存续期间届满，撤销权、解除权等权利消灭。

第十章　期间计算

第二百条　民法所称的期间按照公历年、月、日、小时计算。

第二百零一条　按照年、月、日计算期间的，开始的当日不计入，自下一日开始计算。

按照小时计算期间的，自法律规定或者当事人约定的时间开始计算。

第二百零二条　按照年、月计算期间的，到期月的对应日为期间的最后一日；没有对应日的，月末日为期间的最后一日。

第二百零三条　期间的最后一日是法定休假日的，以法定休假日结束的次日为期间的最后一日。

期间的最后一日的截止时间为二十四时；有业务时间的，停止业务活动的时间为截止时间。

第二百零四条　期间的计算方法依照本法的规定，但是法律另有规定或者当事人另有约定的除外。

第十一章　附　　则

第二百零五条　民法所称的"以上""以下""以内""届满"，包括本数；所称的"不满""超过""以外"，不包括本数。

第二百零六条　本法自 2017 年 10 月 1 日起施行。

后 记

《中华人民共和国民法总则》的通过，开启了一个时代——中国的民法典时代。但坦率地讲，由于缺乏市民法文化的洗礼，以及契约精神的匮乏，我们这个时代的民法补课任务并不轻。不仅如此，源远流长、博大精深的民法，又是中国特色社会主义法律体系中最为难懂之法，如何用广大公民看得懂而又不失准确性的语言将民法的复杂规定表达出来，的确不是一件容易的事。本书的三位作者均为十多年前中国政法大学民商法专业毕业的法学博士，又在不同岗位历练多年，对民法既有深厚感情又有系统研究，具备将民法故事讲准确、讲通俗、讲清楚的良好基础。

本书的基本写作分工是：刘锐（序言、第一、五、七讲）、黄福宁（第二、三、四讲）、席志国（第六、八讲）。但需要说明的是，本书的每一位作者都对其他作者所撰写的部分进行了修改、补充。刘锐承担了本书的最终统稿工作。

本书能在民法总则颁布不久即与广大读者见面，特别感谢人民出版社的高效，尤其是副编审张立女士的辛苦付出。时间所限，不妥之处在所难免，恳请读者不吝指教。

作 者

2017 年 3 月于北京

责任编辑:张　立

版式设计:姚　菲

责任校对:周　昕

图书在版编目(CIP)数据

民法总则八讲/刘锐,黄福宁,席志国 著. —北京:人民出版社,2017.4

ISBN 978 - 7 - 01 - 017555 - 3

Ⅰ.①民…　Ⅱ.①刘…②黄…③席…　Ⅲ.①民法-总则-中国

Ⅳ.①D923.1

中国版本图书馆 CIP 数据核字(2017)第 059929 号

民法总则八讲

MINFA ZONGZE BAJIANG

刘 锐　黄福宁　席志国　著

人 民 出 版 社 出版发行

(100706　北京市东城区隆福寺街 99 号)

涿州市星河印刷有限公司印刷　新华书店经销

2017 年 4 月第 1 版　2017 年 4 月北京第 1 次印刷

开本:710 毫米×1000 毫米 1/16　印张:19.5

字数:210 千字　印数:00,001-10,000 册

ISBN 978 - 7 - 01 - 017555 - 3　定价:49.80 元

邮购地址 100706　北京市东城区隆福寺街 99 号

人民东方图书销售中心　电话 (010)65250042　65289539